LES
FEMMES
GALANTES.

Ah ! le bon billet qu'a la Châtre !

LES
FEMMES
GALANTES,

HISTOIRE

DES FEMMES QUI SE SONT RENDUES CÉLÈBRES PAR
LEURS AMOURS, LEURS GALANTERIES, LEURS
FAIBLESSES, LEURS CAPRICES, ETC.

Cela nous coûte si peu, et leur fait
tant de plaisir.

PARIS,

AU DÉPOT DE LA BIBLIOTHÈQUE RÉCRÉATIVE,

RUE PERCÉE, N. 11.

1837.

LES

FEMMES GALANTES.

MESSALINE.

Messaline était arrière petite fille d'Octavie, sœur d'Auguste et fille de Valérius Messalinus Barbatus, et d'Æmilia Lépida. Dans cette famille la lubricité était en quelque sorte traditionnelle, puisque Lépida avait été accusée par la rumeur publique d'entretenir un commerce incestueux avec son frère! Mais il était réservé à Messaline de laisser sa mère bien loin derrière elle dans la carrière des voluptés. Ses précoces dispositions au libertinage avaient réfroidi l'ardeur de tous ceux qui auraient pu prétendre à sa main. Il n'y eut que Claude son parent qui puisa dans une passion brutale le courage de braver l'opinion publique en l'épousant !

Ce prince que l'histoire a justement flétri, ne manquait pourtant pas d'un certain air de noblesse et de dignité. Sa taille était au-dessus de la moyenne. Il était assez gros de corps, et ses cheveux blancs donnaient à sa physionomie un certain caractère de beauté. Mais sa démarche se ressentait de la faiblesse de ses jambes. Sa gaîté était ignoble, sa colère hideuse, car il bavait et écumait à la fois... Ajoutez à cela un begayement continuel et un tremblement de tête que le moindre mouvement venait augmenter...

Claude épousa Messaline en cinquième noce. Elle prit aussitôt un grand empire sur le caractère faible de ce prince, en découvrant une conspiration dont elle eut soin d'exagérer l'importance. Puis elle se ligua avec les affranchis qui gouvernaient l'empereur, et dès lors elle donna un libre cours à toute la fougue de ses passions. Ajoutons de plus qu'elle était belle et c'est à cela surtout qu'il faut attribuer son immense influence sur son faible époux.

Le premier usage que Messaline fit de sa puissance fut de faire mettre à mort son beau-père Appius Silanus. N'ayant pu vaincre la résistance qu'il opposait à ces incestueux désirs, elle s'entendit avec l'affranchi Narcisse pour s'en défaire. Un matin ce dernier entra dans l'appartement de l'empereur au moment où il se réveillait de ce lourd sommeil et qu'il sortait de cette profonde léthargie dans laquelle il tombait presque toujours après s'être livré sans frein et sans mesure aux plaisirs de la table. L'affranchi s'écria qu'il venait de voir en songe Appius perçant le sein de Claude. Au même moment Messaline se présente et raconte à l'empereur un songe absolument pareil qu'elle avait fait aussi disait-elle. Appius que les deux conspirateurs avaient mandé au palais la veille, se présente à la porte de l'appartement. Messaline fait dire qu'il veut entrer de force. Claude croit voir dans cette circonstance une confirmation des deux songes qu'on vient de lui raconter ; aussi s'empresse-t-il d'ordonner la mort de Silanus.

Bientôt après elle conçut pour le pantomime Mnester une passion violente. La stupide indolence de son époux laissait une entière latitude à ses lubriques fureurs. Comme le comédien faisait quelques façons pour aller s'ébattre sur la couche impériale, Messaline eût la *rouerie* d'amener son mari à ordonner à Mnester de se conformer en tout aux ordres de sa souveraine. Il était loin d'imaginer qu'il jouait lui-même dans cette affaire le rôle d'entremetteur. Pour s'assurer la possession exclusive de cet homme que lui disputaient les charmes de Popée, Messaline, qui n'était pas femme à reculer devant les moyens quand il s'agissait d'arriver à ses fins, Messaline, disons-nous, accusa sa rivale d'adultère avec Valérius Asiaticus et les fit mettre à mort. De cette façon elle parvint à se débarrasser d'une rivale, et à s'emparer des magnifiques jardins de Lucullus que Asiaticus avait fait embellir à grands frais.

Ce fut ensuite le Consul Silius, un des plus beaux hommes de Rome, qui eut à subir l'humiliation que lui imposa le vaste amour de cette femme qui confondait dans ses caprices toutes les classes de la société romaine. Ce fut à lui qu'échut la charge d'effacer sur les lèvres de l'impératrice la trace qu'y avaient laissé les baisers de mille amants plébéiens. L'amour qu'elle avait pour ce jeune homme était si violent, qu'elle le força à répudier sa femme Silara malgré sa naissance. Pour ce nouvel amant elle foula aux pieds toutes les précautions; elle sembla prendre plaisir à s'afficher; elle bravait tous les regards, n'allait chez lui qu'entouré de toute la pompe de l'empire, ne quittait presque pas sa maison. Celui-ci n'osa résister, Messaline était toute puissante, un refus eût été un arrêt de mort. Il sentit qu'il valait mieux s'entendre avec elle pour tromper Claude; d'ailleurs les richesses, les honneurs dont elle l'entourait, l'avaient ébloui, le péril était éloigné, et puis n'était-il pas protégé par la somnolente incurie du César..

Entouré de richesses et d'esclaves, il semblait déjà qu'il fût revêtu de la pourpre impériale; cette grandeur à laquelle il n'était pas accoutumé, ne tarda pas à l'enivrer et son mauvais génie lui inspira un projet qui devait le conduire à sa perte. Il offrit à Messaline de l'épouser et d'adopter son fils Britannicus. Messaline embrassa avec avidité ce nouveau projet que lui permettait de faire de l'adultère sur une nouvelle et plus vaste échelle; elle était blasée sur des émotions de tous les jours; fatiguée d'être bourgeoisement coupable, le projet de son amant lui sourit et, ce qui paraîtra incroyable, elle résolut de faire de son époux lui-même le complice du projet qu'elle tramait contre lui.

Un soir qu'elle avait gorgé l'empereur de vin et d'amour, elle le conjura de signer un parchemin qu'elle tenait à la main et il signa pour dormir.

C'était le contrat de mariage de Silius et de Messaline.

Pour célébrer le mariage on n'attendit

plus que le départ de Claude pour Ostie. Alors la cérémonie eut lieu publiquement devant le sénat et la noblesse romaine. Messaline se plut à étaler toute la pompe impériale dans cette circonstance, et de nombreux convives assistèrent au festin et conduisirent les époux jusqu'au lit conjugal.

Après avoir épuisé jusqu'à la lie la coupe des voluptés ordinaires, Messaline résolut d'aller demander au *Lupanar* des émotions d'un nouveau genre. Dès qu'elle voyait son époux plongé dans ce lourd sommeil qui suit toujours les excès de la table, elle se levait doucement et gagnait au milieu de la nuit les asiles de la plus vile prostitution. Là, l'œil en feu, bacchante échevelée, nue, son beau sein retenu avec un réseau d'or, la mère de *Britannicus*, la femme de *Claude*, prenant le nom de *Lysisca* vendait ses baisers à vingt chalands de toutes les classes, qu'elle parvenait à fatiguer dans ces luttes impures. Le soleil levant ne parvenait qu'avec peine à lui faire abandonner la lice et le combat ne cessait que faute de combattants.

Toutes ses compagnes dormaient épuisées, Messaline veillait encore fatiguée, mais non assouvie, trouvant dans les immenses ressources de son tempérament la force de résister à toutes ces secousses et à toutes ces fatigues... Il fallait que l'hôte en personne vînt la supplier de partir; il fallait que son esclave l'entraînât frémissante de rage. Elle regagnait à pas lents le palais de Claude, et toute parfumée encore des émanations du mauvais lieu, elle revenait poser sa tête criminelle sur l'oreiller des Césars.

De tels forfaits ne pouvaient rester toujours impunis. Les affranchis qui gouvernaient Claude, commencèrent à s'inquiéter de l'influence qu'elle exerçait sur l'empereur; sa perte fut résolue. Mais pour n'avoir rien à craindre des irrésolutions de ce prince faible et stupide, ils résolurent de brusquer sa condamnation, et d'empêcher une défense dont ils prévoyaient les suites. Narcisse se chargea de la délation. A cet effet, il gagne à prix d'or deux courtisanes qui servaient aux plaisirs de l'empereur. L'une d'elles,

Cléopâtre, se jette aux genoux du prince et lui révèle le mariage de Messaline avec *Silius*. Calpurnie, qui était présente, confirme le récit de sa compagne et entre dans les plus grands détails sur les déréglements de l'impératrice. Sur ces entrefaites, Narcisse arrive ; il affecte une grande réserve d'abord tout en confirmant la déposition des deux courtisanes, puis voyant l'effet que produit son récit, il prend courage et s'adressant à Claude, « Silius t'a pris ta femme, dit-il, elle t'a répudié publiquement, le sénat et le peuple ont été les témoins de ce mariage; si tu tardes à te venger, Rome entière croira que tu lui cèdes aussi ton trône comme tu lui as cédé Messaline.

Claude s'émeut à cette dernière réflexion, il aurait bravé le déshonneur, mais il voulait rester empereur. Cette pensée ranime pour un moment son énergie. Il ordonne la mort de Messaline. Dans ce moment, celle-ci célébrait dans les jardins de Lucullus la fête des vendanges. C'était l'automne, les pressoirs jouaient, le vin coulait à flots.

Plus dissolue que jamais, Messaline vêtue en Bacchante, un thyrse à la main et les cheveux épars, était entourée d'un groupe de femmes vêtues de peaux qui célébraient les mystères de *Bacchus*. Son amant Silius se tenait près d'elle couronné de roses, et un chœur bruyant faisait retentir l'air de chansons lascives. En apprenant l'arrivée de son époux, Messaline fut saisie d'épouvante; néanmoins elle comptait encore sur son ancien amour. Elle lui députa ses enfants et les grands prêtres de la religion. Mais Narcisse eut soin de rendre inutiles toutes ces tentatives, et voyant que Claude faiblissait, il résolut de prendre sur lui la responsabilité du supplice. Claude avait dit: qu'elle vienne se défendre la malheureuse! Aussitôt Narcisse ordonna à un tribun qui lui était dévoué, d'aller hâter le supplice de Messaline.

Celle-ci pendant ce temps, se tenait dans les jardins de Lucullus où elle se livrait au plus profond désespoir en voyant l'inutilité de ses efforts. Sa mère Lépida lui conseillait de mourir, afin qu'une mort courageuse pût effacer quelques-unes des taches de sa vie. Elle ne l'osa point; son âme flétrie par le vice ne conservait aucune énergie. Lorsque les satellites se présentèrent devant elle, elle comprit qu'elle était perdue, et approcha un poignard de son sein, mais elle n'osa l'enfoncer; alors le tribun la perça de son épée et laissa son cadavre à sa mère Lépida. Silius fut aussi mis à mort et tous ses amants furent enveloppés dans la même proscription.

Quand on annonça à Claude, quelques jours, après que Messaline n'existait plus, il ne laissa percer aucun signe de satisfaction ni de douleur, ne demanda aucun détail et se contenta de dire qu'on lui versât à boire.

CLÉOPATRE.

Cléopâtre, reine d'Egypte, serait injustement rangée au nombre de ces femmes qui

se laissent aller aux emportements de l'amour
par excès de tempérament. Semblables en
cela au cheval sauvage, dont le sang est sur-
excité par les rayons du soleil, et le sentiment vigoureux de sa liberté; et qui fournit sa
course par-delà dans le désert ou à travers
les montagnes, cherchant partout le danger
comme pour assouvir son ardeur, ainsi font
quelques Bacchantes qui franchissent les
bornes de la pudeur et les exigeances de leur
position, courent, la gorge tendue par le
désir, se prostituer au premier passant.

Quoique d'une nature à la fois sensible et
ardente, Cléopâtre fit d'abord de la galanterie par ambition; mais comme la plupart
des coquettes, elle finit par une passion véritable. Les femmes qui font de l'amour un
moyen diplomatique de séduction courent le
risque de s'énivrer à peu près comme dans
les repas où elles ne boivent du Champagne
qu'à *petits coups* et toujours *en résistant.*
Cette reine si poétiquement *dévergondée*
qu'on ne peut écouter ses aventures sans en
être ému et qu'on voudrait pouvoir appeler

sa mort des mots de *vertueux martyr*, était la fille de Ptolémée XI (Aulète), le testament de son père la laissa, à l'âge de 17 ans, héritière du trône avec son frère Ptolémée XII, que suivant la coutume d'Egypte, elle devait épouser. Plus âgée que lui, elle crut pouvoir tenir seule les rênes du gouvernement; mais les courtisans qui avaient deviné ce qu'il y avait de vigueur dans le bras de cette jeune enfant pour enchaîner leurs prétentions, excitèrent contre Cléopâtre des ennemis puissants qui l'obligèrent de se retirer en Syrie où elle leva une armée pour marcher contre son frère.

C'est vers ce temps que Ptolémée fit périr Pompée; et César quelque satisfait qu'il fut, d'être délivré d'un si puissant adversaire, conçut une haine et un mépris puissant pour ce prince. Ptolémée Aulète avait nommé le peuple romain tuteur de ses enfants; César avait trop d'adresse et d'ambition pour ne pas trouver un bénéfice à se mêler des affaires des autres; au reste le gouvernement romain avait toujours agi de la sorte; sa protection avait était un guet-à-pens dans lequel il attirait tous ceux qu'il n'avait point conquis par le sabre. César se déclara le juge des différends qui existaient entre Ptolémée et Cléopâtre. Cette princesse se hâta d'envoyer quelqu'un à Alexandrie pour la défendre, mais l'ambitieux dictateur lui fit dire de revenir elle-même sans délai. Une insolence faite à propos est, de la part de celui qui est obligé de la subir sans se plaindre, une transaction favorable à d'injustes prétentions. Cléopâtre le sentait bien; mais qu'eût-elle gagné à se raidir contre César, pauvre petite femme qu'elle était? Et puis n'avait-elle pas assez d'avoir toute une armée en face qui l'empêchait d'arracher la couronne qu'elle eût si bien portée et avec laquelle il jouait lui si maussadement? Oh ! laissez-la faire ; les femmes ont des inspirations de perfidie que Dieu ne désapprouve pas, car elles sont faibles et livrées à l'injustice des hommes. Cléopâtre aura sa couronne pour prix de ses charmes et de son astuce. Elle résolut de se rendre à l'espèce de sommation qui lui avait faite César; cependant comme elle craignait d'être reconnue en rentrant dans la ville, elle imagina un procédé bizarre que nous considérons comme un des traits les plus saillants de sa physionomie morale. Elle pria Apollodore, celui de ses amis en qui elle avait le plus de confiance, de l'envelopper dans un tapis, et de la transporter ainsi sur ses épaules jusque dans la chambre de César, et cette ruse hardie lui valut le cœur de ce conquérant. Quoiqu'en disent quelques écrivains, s'il faut en croire la tradition, elle était d'une beauté remarquable, et ce qui plaisait en elle, c'était encore moins la perfection linéaire de sa figure que la piquante singularité de sa physionomie; son esprit était aussi fin que cultivé; elle parlait toutes les langues, réunissait les connaissances les plus étendues, et possédait surtout l'art de captiver. Elle tenait de l'Orient une habitude de magnificence qui subjuguait l'imagination, et ses rapports constants avec la Grèce avaient développé en elle le charme plus pénétrant du langage et des séductions.

César fut tellement épris, que dès le lendemain il voulut que son frère partageât le trône et se réconciliât avec elle. Ce jeune prince, étonné de voir Cléopâtre dans le palais de César, et devinant bien par quels moyens elle avait séduit son juge, courut sur le champ à la place publique, en criant qu'il était trahi. Il excita par là une sédition et César ne put l'appaiser qu'en prouvant au peuple qu'il n'avait fait qu'exécuter le testament de Ptolémée. Cependant l'eunuque Pothin, dont cet accommodement dérangeait les projets, de concert avec Achillas, général Egyptien, fit avancer en secret des troupes pour surprendre César qui avait peu de soldats auprès de lui. Quoiqu'assiégé dans son palais, le dictateur sut s'y défendre et s'y maintenir, jusqu'à ce que, ayant reçu des secours de la Syrie, il battit les Egyptiens dans un combat où périt le jeune Ptolémée, qui se noya dans le Nil. Cet événement permit à César de couronner Cléopâtre sans aucun empêchement; il lui fit en même temps épouser son jeune frère qui n'avait que onze ans, et partit ensuite, quoique à regret, pour achever de soumettre les restes du parti de Pompée. Cléopâtre accoucha, peu de temps après, d'un fils qu'on nomma *Césarion.*

De retour à Rome, ainsi que son jeune époux (l'an 46 av. J. C.) César lesreçut dans son palais. Le voilà bien le dompteur des peuples qui s'est laissé prendre au piége de la prostitution et qui gaspille sa gloire pour le plaisir d'une femme qui n'a pour lui que des semblants d'amour ! Oui certes la mystification était sanglante; elle faillit même devenir fatale au dictateur. Le peuple romain voulut bien le laisser admettre la mère et le fils au nombre de ses amis; mais il se fâcha lorsqu'ille vit placer les statues en or de Cléopâtre à côté de celle de Vénus, dans le temple qu'il érigea à cette déesse. La reine d'Egypte fut obligée de retourner dans ses états, peut-être avec la conviction qu'elle eût pú perdre César s'il n'eut mieux été pour elle de le conserver. Peu de temps après, Ptolémée ayant atteint l'âge de quatorze ans, elle le fit empoisonner pour rester maîtresse absolue du royaume. Telle fut la nature singulière de cette femme étourdie jusqu'à l'enfantillage, et froidement criminelle par ambition.

Cependant la mort de César vint rallumer la guerre civile dans l'empire, Cléopâtre fut accusée d'avoir fourni des secours à Brutus et à Cassius. Marc-Antoine, qui partait alors pour la guerre des Parthes, lui ordonna de se rendre en Cilicie pour expliquer sa conduite. C'est ainsi que Rome traitait ses alliés.

Cléopâtre dut accueillir cet ordre avec le sourire de fatuité légère d'une femme à bonnes fortunes qui sait ce qu'il lui faut de temps et d'adresse pour effeuiller la vertu la plus sévère. Ici cependant la reine d'Égypte va cesser son rôle de pure galanterie et commencer une vie qui pour être plus affichée et plus libertine, n'en sera pas moins remplie par les émotions d'un amour véritable, lequel ne finira que par une mort héroïque. Suivons du regard le vaisseau sur lequel elle est montée : orné des couleurs les plus fraîches et les plus riantes, il imite par la finesse de ses mouvements les gracieux caprices d'un poisson qui réfléchit dans l'eau les mille paillettes dont le soleil fait ruisseler ses écailles ; la poupe en est dorée , un vent léger lutine agréablement les plis moëlleux de ses voiles de pourpre, tandis que Cléopâtre magnifiquement vêtue, dessine le voluptueux relief de son corps sur des coussins d'une beauté rare : des petits enfans tout roses se grouppent à ses pieds, sous la forme des amours. Des femmes en néréides, étalent la séduisante parure de leur nudité, se tiennent les unes auprès du gouvernail, les autres auprès des rameurs ; l'harmonie des flûtes et des lyres ; le parfum des cassolettes remplissait les airs de je ne sais quel sentiment de volupté qui énivre tous les sens et amollit le cœur. C'est ainsi que Cléopâtre remontait le Cydnos pour aller visiter le conquérant de l'Asie. Toute la population s'était portée sur le rivage lorsqu'elle aborda à Tarse. Antoine qui rendait alors la justice, restasur son tribunal avec ses lieutenants, il fit inviter Cléopâtre à se rendre auprès de lui; mais elle, s'excusant sur les fatigues du voyage, lui fit offrir d'accepter lui-même un repas sur son vaisseau. Le sévère dictateur se sentit bientôt faillir sous les charmes de Cléopâtre, et son esprit comme ses yeux furent également fascinés par une si grande éblouissance de fortune et de luxe. Dès ce moment il perdit toute l'énergie de son caractère, il ne fut plus bon pour la gloire. - Renonçant à l'expédition projetée contre les Parthes, il suivit sa royale maîtresse en Égypte où ils passèrent l'hiver au milieu des raffinements du plaisir et du tumulte des fêtes; mais à la fin, l'orgie se lasse de la discrétion du boudoir, elle descend dans la rue, échevelée comme une fille du peuple, et parlant l'ignoble langage des halles. Ainsi Marc-Antoine et Cléopâtre se déguisaient-ils pour entendre et provoquer, dans les rues d'Alexandrie, les propos de la populace qu'ils finirent par égaler à leur tour d'une manière assez remarquable pour se faire une réputation de genre. La fille de Ptolomée suivait encore son amant à la chasse, avec lui elle jouait aux dés et courait les tripots de toute espèce. Antoine fut enfin forcé de quitter l'Égypte et sa belle maîtresse qu'il ne cessa d'aimer même en épousant Octavie. Après plusieurs années, lorsqu'il fut vaincu par les Parthes, Cléopâtre vint le chercher en Phénicie, et ils reprirent ensemble le chemin de l'Égypte où ils se livrèrent à la débauche la plus dissolue. Mais, hâtons nous d'arriver à la funeste bataille d'Actéum : à peine Cléopâtre a-t-elle essuyé la première attaque de la flotte ennemie qu'elle se sent prise d'effroi; elle fait aussitôt virer de bord son vaisseau, et les soixante galères égyptiennes placées dans les rangs imitent le mouvement de la sienne ; à cette vue le lâche Marc-Antoine se trouble, que lui fait la victoire? c'est sa maîtresse qu'il craint de perdre, et d'ailleurs sa main ne sait plus tenir une épée; il fuit avec elle et monte le vaisseau qui l'emmène; mais à peine y est-il, qu'accablé de honte et de regrets, il se laisse tomber la tête dans les mains et demeure trois jours sans parler. Arrivés à

Alexandrie, ils s'énivrèrent de nouveau, mais pour cette fois, ils cherchaient moins la volupté que l'étourdissement qu'elle procure. Jusque là on les avait appelés, eux et leurs amis *la bande de la vie inimitable*, dès lors ils changèrent ce nom contre un mot grec qui signifie *ceux qui sont résolus à mourir ensemble*. Cléopâtre avait conçu le projet gigantesque de faire arriver ses vaisseaux par terre à travers l'isthme de Suez jusqu'au golfe Arabique, d'où elle aurait pu s'embarquer pour l'Inde; quelques uns de ses vaisseaux passèrent, mais ils furent aussitôt brûlés par les Arabes. Cependant Octave continuait de s'avancer, ne trouvant d'obstacle qu'à rencontrer ses ennemis. Cléopâtre s'était enfouie dans un monument de forme funèbre qu'elle avait fait construire pour cacher ses trésors. Ses gens avaient reçu l'ordre de répandre le bruit de sa mort; à cette nouvelle, Antoine désespéré se perça de son glaive; toutefois ayant appris au même instant que Cléopâtre vivait encore, il se fit transporter vers le tombeau qu'elle s'était choisi. La reine d'Égypte craignant d'être surprise par les satellites d'Octave refusa d'ouvrir la porte à son amant; elle trouva le moyen de l'introduire à l'aide des cordes qu'elle et ses femmes tirraient par la fenêtre. Cléopâtre tenait embrassé le cadavre d'Antoine, lorsqu'elle entendit les soldats de son ennemi, forcer les portes, alors la femme, *folle de son corps*, tira son poignard et se mutila tout le visage, comme si elle eut voulu mettre sa fidélité sous l'impitoyable garantie de la laideur. Certes, c'est bien là d'une femme dont le cœur est gonflé d'amour. Quand elle eut satisfait à ses devoirs de maîtresse, elle songea aux moyens d'empêcher que la reine ne fut traînée à Rome attachée au char triomphal du vainqueur; s'étant fait apporter une corbeille de fleurs qui cachaient un aspic, elle s'en fit mordre pour échapper à l'affront que devait lui imposer l'orgueil d'Octave.

MARION DE L'ORME.

Marion de l'Orme naquit à Châlons en Champagne vers l'année 1611. Ses parents étaient riches et elle eut eu vingt-cinq mille écus en dot si elle eut voulu se marier. Mais le mariage c'était la captivité pour cette nature lassive; il fallait un sol vaste et libre où elle put à son aise exposer ses flancs nus au soleil. Elle courut à Paris, ce repaire de toutes les prostitutions, puis comme une lionne qui se vautre dans le sable, elle se mit à hurler d'amour.

Marion de l'Orme était d'une beauté remarquable. Son regard à la fois chatoyant et incisif semblait fouiller le cœur, non pas tant pour y trouver un sentiment que pour y remuer une passion. Sa figure n'avait pourtant point l'impudeur banale des prostituées; elle réalisait plutôt une expression poétique de l'amour des sens Sa taille élancée semblait jaillir de sa ceinture; tout le globe de son corps était aussi puissant que moëlleux. Ses hanches fortement accentuées *s'affichaient* malgré ses vêtements; car il y a dans la nudité de certaines femmes, je ne sais quoi, de lascif et d'indocile qui se révèle aux regards des hommes; elles ont beau se couvrir, elles sont toujours nues. Cependant malgré tous les tons vigoureux de sa figure, Marion de l'Orme respirait un air de franchise et de bonhomie piquante. Si dans sa conversation elle n'avait point ces réparties fines, ces bons mots qui entrouvent les lèvres par un sourire, elle avait du moins la fougue du tempérament, tout l'échévélé poétique de la passion; c'était le flux d'une âme qui débonde, un spasme de gaieté; enfin elle était au résumé une *bonne fille*, qui avait de l'esprit à force de bon cœur. Elle convenait que parmi ses nombreux amants, il y en avait huit qu'elle avait sincèrement aimés. Le premier d'entr'eux fut Desbarreaux, puis Rouville, qui, selon le dire de ses contemporains, n'avait rien de beau, rien qui pût provoquer le caprice d'une femme; ce fût pour elle qu'il se battit contre Laferté Sénectère. S'étant senti une légère inclination pour Miossens, elle lui écrivit qu'elle voulait coucher avec lui. Arnoud, Cinq-Mars, de Chatillon, de Brissac, partagèrent les faveurs de son amour qu'elle vendit à tant d'autres plus brillants de fortune et pour la plupart mieux favorisés de la nature. Au reste il était permis à tout le monde d'aller à Corinthe et personne n'eut pour elle un amour malheureux; elle se fût donnée pour rien au pauvre diable qui n'eût pu l'acheter. Comme les grands seigneurs n'avaient pas toujours de l'or, elle leur *prêta sur gage* ses carresses et ses charmes; elle avait trouvé la spéculation si bonne, qu'il est inoui qu'elle ait jamais voulu de l'argent comptant : on convenait assez habituellement de tant de marcs de vaisselle, des diamants, des colliers, des bracelets, des bijoux de toute sorte, étaient la prime ordinaire offerte à sa débauche. Le cardinal de Richelieu qui avait coupé la noble et belle tête de **Cinq-Mars**, se fit accepter pour un jonc qui valait plus de vingt mille francs et qu'il tenait lui-même d'une duchesse. « Je regarde cela comme un véritable trophé, disait-elle. » Aussi prouvait-elle que, chez des femmes, l'amour-propre peut l'emporter sur l'amour. C'est une amère dérision que le bourreau aille se coucher avec la maîtress de sa victime.

Au reste la courtisanne ne s'amusait point à couver sa fortune ; dispendieuse dans ses goûts et s'entourant d'éclat, elle faisait tout avec bonne grâce et profusion ; semblable en cela à toutes les *filles* qui sont folles de leur richesse comme de leur corps ; et certes cela leur coûte si peu..... Jamais gants ne lui duraient plus de trois heures, et ses bijoux les plus précieux, étaient au bout de vingt-quatre heures, engagés ou vendus, soit pour combler des dettes, soit pour faire de l'argent. D'après l'un de ses biographes, elle mourut aussi belle que jamais, à l'âge de 39 ans, pour avoir pris une trop forte dose d'antimoine afin de se faire avorter. Sans les fréquentes grossesses qu'elle a eues, dit-il, elle eut été belle jusqu'à soixante ans. Dans la maladie dont elle mourut, elle se confessa dix fois dans moins de trois jours.. Pauvre femme! qui n'avait cru qu'à l'amour et qui finit par croire à l'enfer.... Comme elle dût souffrir!

Après sa mort, on lui plaça sur la tête une couronne de *pucelle*, ce que le curé de Saint-Gervais trouva *ridicule*. Le mot de sacrilége ne lui vint pas. Serait-ce par hasard qu'il n'y vit qu'une plaisanterie poussée trop loin à l'endroit des pucelages? Le lendemain de sa mort, c'est-à-dire, le 30 juin 1650, on lisait dans le *Musée Historique* les vers suivants :

> La pauvre Marion de l'Orme
> De si rare et plaisante forme.
> A laissé ravir au tombeau
> Son corps si charmant et si beau.

D'aucuns prétendent que Marion de l'Orme mourut à l'âge de 81 ans, d'autres poussant

la durée de son existence jusqu'au merveil-
leux, la font vivre 134 ans. Ceux-ci sont ridi-
cules; quant aux premiers ils s'expliquent
de la manière suivante : la maison de Marion
de l'Orme était devenue le lieu de réunion des
partisans de Condé et de Conti ; lors de l'in-
carcération de ces deux princes, elle craignit
elle-même de perdre sa liberté. Donc pour
déjouer les sbires de la police, elle conçut le
projet bizarre de se faire passer pour morte,
et partit pour Londres le jour même de son
prétendu convoi. Certes *la terre lui fut légère.....* En Angleterre elle épousa un
lord fort riche, qui lui laissa 100,000 fr.
à sa mort. Elle revenait en France lorsqu'elle
fut arrêtée par une bande de voleurs qui la
dévalisèrent et dont le chef la prit pour sa
femme. Pauvre Marion de l'Orme ! C'était
probablement bien la première et la dernière
fois qu'on lui volait sa foi conjugale ; au bout
de quatre ans les facétieux voleurs étant
morts, elle épousa un procureur fiscal,
nommé Lebrun, avec qui elle vécut pendant
sept ans. Veuve pour la troisième fois, elle

revint à Paris bien assurée contre les maris, car elle avait alors quatre vingt un an. Quatre vingt un an. C'est une éternité d'expiation pour une femme qui se souvient d'avoir été jolie. Du moins avait-elle assez d'or, ce talisman qui endort toutes les douleurs, lorsque, de nouveau, elle fut volée par deux de ses domestiques. La malheureuse mourut dans le désespoir et la misère.

Ces versions diverses nous ont fait penser quelles avaient bien pu être inventées après coup, et que l'infortuné Marion après avoir dépensé sa fortune et sa jeunesse était probablement morte quand il plut à Dieu, sans que le monde s'en occupât.

Ainsi voilà une grande puissance qui est devenue une énigme même pour ses contemporains.

CATHERINE II.

Le vingt cinq avril 1729, naquit dans la maison peu fortunée d'Anhalt-Zerbst et presque sujette du roi de Prusse ; cette grande Catherine II qui depuis a tant illustré son nom ; comme si elle avait prévu les hautes destinées de sa fille, la princesse d'Anhart-Zerbst, n'oublia rien pour lui donner une soigneuse et large éducation, et la jeune Catherine connaissait à vingt ans presque toutes les langues de l'Europe.

Quand elle parut à St.-Pétersbourg, sa beauté que rehaussait l'éclat de la jeunesse, fit une impression profonde sur le jeune grand duc qu'avait adopté l'impératrice Elisabeth et cette affection spontanée détermina le mariage de la petite princesse d'Allemagne avec le puissant héritier de ce trône moscovite qu'avait tant élargi Pierre-le-Grand.

Le royal hymen fut donc célébré ; mais bientôt l'indifférence et plus tard la haine la plus violence firent place à l'amour. Le grand-duc portait des marques hideuses de la petite vérole, et de plus, il avait une imperfection, qui quoique facile à détruire, le rendait impropre aux fonctions maritales ; il n'en fallait pas tant pour que la jeune princesse ne reçut qu'avec répugnance ses caresses impuissantes, et pour qu'elle cherchât ailleurs d'agréables consolations. Or il n'était pas alors difficile à une femme jeune et belle d'en trouver à la cour d'Élisabeth. Cette impudique souveraine donnait elle-même le premier exemple des plus viles débauches de la prostitution. Elle buvait avec excès, et trop sensuelle, trop impatiente alors, elle ne pouvait souffrir qu'on la déshabillât; ses femmes faisaient seulement faufiler à longs traits ses robes du matin pour pouvoir les lui ôter après l'orgie, avec quelques coups de ciseaux, puis elles la portaient au lit, et là l'impératrice de toutes les Russies ne reprenaient ses forces que dans les bras d'un nouvel athlète.

Au milieu d'une pareille cour, la jeune Catherine qu'emportaient d'ailleurs ses penchants de nature, sut bientôt trouver des voluptés plus vives et plus fécondes que celles de l'alcôve conjugale. Soltikoff jeune seigneur, chambellan et compagnon de plaisirs du grand-duc, fut le premier qui servit

les passions de Catherine; spirituel et beau,
sa faveur dura long-temps, et si, comme
dans toutes les Cours, ses ennemis jaloux
n'avaient soulevé le voile qui couvrait les
mystères, ce jeune chambellan aurait jusqu'au bout, joui de sa fortune; mais il tomba
devant les embûches du grand chancelier
Bestuchef, et l'impératrice Elisabeth, éclairée sur son audace, l'envoya sous le titre
de plénipotentiaire de la Russie à Hambourg
[10] Catherine le regretta vivement et lui laissa pour l'avenir de grandes espérances, jusqu'au jour ou le comte Stanislas Poniatoski,
qui fut plus tard roi de Pologne, parut à la
cour d'Elisabeth. Gai, leste, brillant, doué
d'une belle figure, et rempli d'ambition, ce
jeune gentilhomme s'empara facilement du
cœur de Catherine, et tel fut l'amour de la
grande duchesse pour ce nouveau favori,
que bientôt elle ne mit nul mystère dans ses
relations libertines, et que les Russes accu-
saient le jeune comte polonais d'être le père
de l'enfant que portait Catherine (1).

(1) C'était une fille du nom d'Anne, qui mourut
presqu'en naissant.

„ Le grand duc était le seul qui ne vit pas les désordres de sa femme ; il était d'ailleurs tout entier à la passion des manœuvres et des exercices militaires ; cependant un tel scandale, s'il ne trouva pas des accusateurs trouva des envieux qui parvinrent à découvrir au grand duc les intrigues et les mœurs dissolues de Catherine. Cette nouvelle faute la fit tomber dans a disgrace de l'impératrice ; mais l'adroite princesse, ayant promis de rompre avec son amant, Élisabeth lui rendit bientôt son amitié et ne le lui retira plus jusqu'à sa mort. Cette mort arriva le cinq janvier 1762 ; l'impératrice l'avait hâtée par les débauches les plus furieuses et surtout par la boisson. En vain ses dames d'honneur essayaient-elles d'écarter les liqueurs fortes ; jusqu'à son dernier jour elle voulut constamment en avoir dans sa chambre une caisse dont elle tenait la clef sous son chevet.

Élisabeth mourut après vingt ans de règne, au milieu des douleurs d'entrailles les plus violentes.

Après ses funérailles, le nouvel empereur fut élu sous le nom de Pierre III; les premiers jours de son règne ne furent pas sans gloire: il rappela des déserts de la Sibérie jusqu'à 17,000 exilés, entre lesquels, Biron et le maréchal de Munich. Mais bientôt ces heureux commencements firent place à des fautes politiques de premier ordre: il mécontenta l'armée par son idolâtrie pour le système militaire du roi de Prusse, et publiquement, il humilia l'impératrice sa femme, ayant fait asseoir près de lui, sur son trône, sa favorite la comtesse de Warouzoff.

Catherine pleine d'ambition, comprit que de pareilles fautes pourraient agrandir sa fortune, et lui laisser sans partage la grande couronne impériale, aussi n'oublia-t-elle rien pour se faire des partisans et pour rendre Pierre III de plus en plus odieux au peuple, aux courtisans et à l'armée. Elle y parvint, et bientôt un parti se forma pour elle autour du trône et dans les régiments de la garde, qui font la principale force de toutes les conspirations. Celle de Catherine éclata pendant la nuit, et tous s'étant jetté dans la révolte, l'Impératrice se rendit dans l'église de Casan, où elle reçut la couronne impériale sous le nom de Catherine II ; Pierre III consterné, méconnu par ses troupes, prit la fuite, puis plus tard, après avoir été déposé de son autorité souveraine, il fut étranglé dans sa prison, par les deux frères Orloff et quelques autres conjurés.

Catherine libre enfin, et seule maîtresse de la couronne, ordonna d'abord de magnifiques et splendides funérailles pour honorer les restes du malheureux Pierre III, puis quand elle crut avoir bien affermi son autorité naissante, elle donna cours de nouveau à sa double passion de débauche et de gloire.

Ainsi, pendant qu'elle recherchait l'amitié des puissances de l'Europe, qu'elle faisait des traités d'alliance avec l'Angleterre et qu'elle favorisait l'élévation au trône de Pologne, de son ancien amant, le comte Poniatoski, Catherine se livrait avec Alexis Orloff, le chef des meurtriers de Pierre III à des débauches inconnues, même dans les lieux de prostitution ; Orloff l'appelait familièrement *Katinka*, nom diminutif de Catherine, et la hardiesse inouie de l'assassin étalait en public, jusqu'au milieu de la cour. Il osa tout, jusqu'à demander impérieusement et comme droit acquis, la place sur le trône de l'empereur qu'il avait étranglé ; mais l'ambitieuse et fière Catherine ne s'était pas débarrassée du dernier petit-fils de Pierre-le-Grand pour admettre au partage du pouvoir suprême un homme venu d'aussi bas qu'Orloff ; l'insolent favori fut donc sacrifié par Catherine, qui ne voulant point rompre avec éclat à cause des grands services de cet homme, l'envoya dans l'Archipel avec une grande mission. A son retour, l'orgueilleux Orloff apprit qu'il avait été remplacé pendant son absence ; et quand il s'y présenta, les portes du palais lui furent fermées. Cependant son caractère impétueux était fort redouté de l'impératrice elle-même, et pour ne pas l'aigrir et le désespérer, Catherine lui donna cent mille roublé comptant, le brevet d'une pension de cent cinquante mille, une magnifique vaisselle et une terre de six mille paysans. Ainsi consolé dans sa disgrace, Orloff consentit à s'éloigner de St.-Pétersbourg et s'en alla voyager quelque temps en Europe.

Après avoir essayé quelque temps du successeur d'Orloff, dans les fonctions du favorisat, l'impératrice n'en fut pas contente et le répudia, mais sans bruit, et non sans l'avoir comblé de présents. L'héritier de ces prérogatives fut un officier aux gardes, de naissance fort obscure, mais homme de talents rare et d'une grande beauté. Catherine en fit d'abord son amant, le roi de l'alcôve et des orgies, et plus tard quand sa passion se fut ailleurs envolée, Potemkim resta son pourvoyeur, l'intendant de ses plaisirs secrets, le distributeur des grâces et des fonctions du favorisat. Au reste il est temps de faire connaître quels étaient les devoirs et les distinctions des favoris de Catherine.

Quand cette princesse avait fait choix d'un nouveau favori, elle le créait son aide-

man général, afin qu'il pût l'accompagner partout, sans qu'on y trouvât à redire.
Dès lors le favori occupait au palais un appartement qui était au dessous de celui de
l'impératrice et qui y communiquait par un
escalier dérobé.

Le premier jour de son installation il recevait un présent de cent mille roubles, et
chaque mois il en trouvait douze mille sur
sa toilette. Le maréchal de la cour était
chargé de lui entretenir une table de vingt-
quatre couverts, et de fournir à toutes les
dépenses de sa maison. Le favori était obligé d'accompagner partout l'impératrice, il
ne pouvait sortir du palais sans son agré-
ment; il n'osait pas parler à d'autres femmes
et s'il allait dîner chez quelques-uns de ses
amis, il fallait que la maîtresse s'absentât.

Toutes les fois que l'impératrice portait
ses regards sur un de ses sujets pour l'élo-
ver au poste de favori, elle le faisait inviter
à dîner par quelqu'une de ses confidentes
chez laquelle elle se rendait comme par hasard. Là elle parlait au nouveau venu cher-

chant à voir s'il était digne de la haute
faveur qu'elle lui destinait ; quand le jugement qu'elle en portait était favorable, un
regard en instruisait la confidente qui plus
tard avertissait l'heureux élu. Celui-ci le
lendemain recevait la visite du médecin de
la Cour qui venait examiner l'état de sa
santé. Le même soir il accompagnait l'impératrice à l'hermitage et prenait possession
de l'appartement qui lui était préparé ;
toutes ces formalités commencèrent à l'élévation de Potemskim, et depuis elles furent
constamment observées.

C'est ainsi que furent tour à tour instal-
lés dans les fonctions du *favorisat* :

Grégoire Orloff, l'aîné des cinq frères
auxquels Catherine donna la valeur de
17,000,000 de roubles ;

Wissenky, officier des gardes qui en reçut 800,000 pour deux mois de faveur ;

Wasielitsehikoff autre lieutenant des gardes, à qui 22 mois de règne clandestin lui
valurent à peu près 11,100,000 et vingt
autres parmi lesquels *Zoritz*, *Korsakoff*,

Lanskoy le bien aimé entre tous; *Yermoloff*, *Platon*, *Zoubof*, son frère *Valérien* etc. Tous ces élus de Catherine furent ainsi comblés de richesses, et l'estimation de ce qu'ils ont reçu en terres, paysans, pensions, vaisselle, bijoux, décorations et présents de toute espèce, ne s'éléva pas à moins de quatre-vingt-dix millions de roubles.

Quand on réfléchit à de si fastueuses prodigalités on ne peut s'étonner assez que le trésor de l'empire ait pu suffire à toutes les grandes entreprises de Catherine; car cette princesse avait ses heures de travail comme ses heures de mollesse et de débauches, et au milieu des voluptés elle trouva le temps d'agrandir presque d'un tiers l'empire de Russie, de s'ouvrir la route de Constantinople, d'écraser la Pologne et d'en prendre une part en attendant qu'elle pût l'occuper tout entière, elle trouva le temps de cultiver la philosophie, les belles lettres, de fonder de grandes institutions d'arts et de sciences, de donner un code, en un mot de transplanter à la cour de la Russie sauvage,

la civilisation et la splendeur de la Cour de
Versailles; il est vrai qu'elle trouva des in-
struments dignes de ses grands desseins et
qu'elle fut bien servie dans la paix et dans la
guerre. Le vieux maréchal de Munich,
Sowaroff et Potemkins surtout, furent pour
elle d'utiles et de glorieux auxilliaires, mais
l'histoire n'en reconnaîtra pas moins que
cette princesse que Voltaire appelait la Sémi-
ramis du nord, était douée des plus grandes
qualités de l'intelligence et d'une volonté
d'homme d'état, aussi forte, aussi sérieuse
qu'éclairée.

Catherine avait été belle dans sa jeunesse
et sur son déclin elle conservait encore de
la grâce et de la majesté. Elle n'était pas
grande; mais elle portait la tête si haute
qu'elle le paraissait; son front était ouvert,
large, son nez aquilin, ses yeux bleus pleins
de fierté quoique feignant quelquefois la
douceur; sa physionomie était pleine d'expression, mais elle déguisait à merveille les
émotions de son âme dans les dernières
années de sa vie pour que sa pâleur et ses

yeux éteints n'annonçassent pas les ravages du temps et les approches de la mort ; elle mettait beaucoup de fard, et simulait à l'extérieur une grande force de vie ; mais enfin cette mort tant redoutée arriva, et le 9 novembre 1796, l'impératrice de toutes les Russies fut trouvée dans son cabinet étendue par terre, les pieds contre la porte. Elle mourut à l'âge de 65 ans, après un long règne mêlé de victoires et de débauches, de gloire et d'infamies.

MAINTENON.

Elle est de toutes les femmes galantes, celle qui a réalisé le plus beau rêve de prostitution. D'un naturel fier et ambitieux, personne plus qu'elle ne fut d'abord abreuvée d'infortune et de dégoût. Mais sa vie dût être comme ces rivières dont les bords sont fangeux, tandis qu'elles se roulent mollement sur un lit de sable fin, tout brillant d'or.

Françoise d'Aubigné, petite fille de Théodore-Agrippa d'Aubigné, naquit en 1635, dans les prisons de la conciergerie de Niort, où était détenu son père Constant d'Aubigné accusé d'avoir fabriqué de la fausse monnaie. Elle avait quatre ans lorsque ses parents résolurent de passer en Amérique. Pendant la traversée, elle fut prise d'une maladie si violente qu'elle passa pour morte. Le malheur la jalousait à Louis-le-Grand. Monsieur d'Aubigné qui voulait épargner à sa femme les douloureuses étreintes qu'une mère donne toujours au cadavre de son enfant, avait donné l'ordre qu'on la jetât à la mer. On eût pu la prendre pour une de ces statuettes en marbre blanc que les anciens précipitaient dans les eaux pour apaiser la tempête. Déjà un matelot se préparait à tirer le coup de canon signal de cette cérémonie funèbre, lorsque madame d'Aubigné, avertie à temps déchira le linceuil, glissa sa main sur la petite poitrine de Françoise, puis immobile, le corps penché en avant, et, pour ainsi dire, tout entier à *l'écoute, le cœur bat,* s'écria-t-elle!

elle, et sa figure encore pâle de terre sembla refléter comme un rayon de la lune,
c'était l'espérance, mais une espérance
craintive, et cependant la jeune enfant revint promptement à la vie. Dans les beaux
jours de sa fortune et de son bonheur,
madame de Maintenon se plaisait beaucoup à raconter cette aventure. Un jour
l'évêque de Metz, qui était courtisan avant
d'être chrétien, dit sérieusement à ce propos : « Madame, je crois que Dieu vous a
rappelée à la vie pour ses grands desseins ;—
Oui, pour épouser le pauvre Scarron, ajouta
ironiquement madame de Montespan ; —
En tous cas, reprit madame de Maintenon,
d'un ton à faire cesser les plaisanteries, je
pense qu'on ne revient pas de si loin pour
peu de chose. » Cette madame d'Aubigné
se gênait déjà plus pour envoyer des dé-
fis à sa maîtresse, et certes, puisque les
courtisans commençaient à la flatter, c'est
bien certainement parce qu'elle était en faveur. En effet, peu de jours auparavant le
roi avait dit à toute sa Cour, lors du ser-

mon de carème qui devait se prêcher dans l'appartement même de la gouvernante. « Madame de Maintenon et le père La Chaise nous gardent des indulgences. »

Il n'y a rien que je sache de plus caractéristique de Louis XIV, ce prince qu'on nomme encore le Grand par un reste d'habitude, que ce trait complimenteur adressé à Maintenon. En effet, ce roi dont la figure nous paraît si auguste, n'était qu'un bigot paillard qui ne valut ni Louis XI ni Charles IX.

Mais revenons aux premiers jours de la nouvelle favorite qui nous semblera précédée d'un être fantastique, se plaisant, tantôt à déblayer sa route et tantôt à la combler. Après la mort de son père, elle revint en France seule avec sa mère, sans fortune et sans espérance; car elle était à cet âge de fraîches illusions où la jeune fille ne songe point à spéculer sur ses charmes. Quelques heures avant de mourir, madame d'Aubigné se sentit du chagrin à livrer sa chère petite Françoise aux soins de madame Viollet, sa parente, calviniste zélée qui ne manqua point de l'inoculer de ses principes. Enfin la religionnaire mourut et sa pupille échut à madame de Neuillant, sa parente, chez qui elle entra, en qualité de majordame. Cette dame raffinée catholique demeurait dans les environs de la Rochelle; elle employa toute la puissance de sa protection pour ramener la jeune d'Aubigné dans le sein de l'église. Une vieille dévote m'a toujours paru si méchante qu'il me semble qu'une des bonnes ruses du diable, pour se faire des prosélytes, ce serait qu'il prêchât Dieu comme elles le font. Il n'est point d'abjection sale, d'humiliation domestique auxquelles madame de Neuillant ne livrât la jeune d'Aubigné, c'est elle qui lavait la vaisselle et entretenait la basse-cour, elle qui était le souffre-douleur, la responsabilité vivante de toute la maison. Pauvre petite huguenote! On lui eut plus plus facilement pardonné d'être malheureuse que d'être hérétique, ...! Aussi la jeune fille se prostitua aux palfreniers, parcequ'on ne lui demanda aucun compte de sa pudeur et de sa naissance. Que n'était-elle apostolique et romaine! A la fin elle en passa parce qu'on voulut et reçut le baptême à Paris, où le poète Scarron lui conféra un autre sacrement, celui du mariage. Scarron vieux, cul-de-jatte, impuissant et jaloux, comme tous les eunuques, lui allongeait sa béquille sur le moindre soupçon. Au fond il la croyait vertueuse et fidèle, quoique la bonne dame fût au service de tous ses amis, mais elle se gardait bien de le laisser voir. Lorsque son époux impotent conviait ses joyeux commensaux, elle se tenait au bout de la table, ne risquait aucune parole à moins d'être interrogée et encore ne répondait-elle que par des monosyllabes. Dans une de ces circonstances, d'Assouley le plus favorisé de ses amants, qu'on appelait *le singe de Scarron*, quoiqu'il fît bien véritablement ce que ne pouvait faire le facétieux poète, dit très-sérieusement, à propos d'une discussion sur la vertu des femmes : « S'il fallait prendre des licences avec la reine ou madame Scarron, je ne balancerais pas et je ne respesterais que madame Scarron. — Mata-more! dit Scarron tout joyeux, la bonne femme que j'ai là! » Enfin, le cul-de-jatte mourut et la veuve bien consolée, n'eut pour tout héritage que sa liberté et 1,500 livres de rente que la reine faisait à son mari et qu'elle lui continua.

Peu de temp après, elle porta cette somme à 2,000 livres. Cette position précaire n'é-tait pas tenable pour une femme qui trou-vait partout des alimens à son ambition et disait à chaque propos : « *l'Emperière ma grand'mère*, » car elle était de la famille des Courtenay qui se prétendaient tous princes du sang, parce que l'un des ancêtres de cette famille, Pierre Courtenay comte d'Auxerre, avait été empereur de Constantinople. Soit que la pruderie fût naturelle à son caractère froid et calculateur, soit qu'elle eût pres-senti que la religion serait plus tard un sauf conduit à sa prostitution dorée, elle s'en-toura des dehors de la vertu et ne fit de la débauche qu'à huis-clos. Elle se choisit une maison de pauvre apparence, sollicita la charité de la paroisse Saint-Eustache, assista régulièrement à la messe, aux prières et à toutes les cérémonies religieuses; une servante appelée Nanon l'accompagnait à la cour sous la dénomination de mademoiselle Balbieu. De retour chez elle, madame de Maintenon jetait ses jupes et sa vertu pour vendre ses caresses à tous les débauchés à la mode; de cette manière la pauvre veuve put agrandir ses dépenses, et le luxe de sa toilette lui ouvrit les portes des plus beaux salons: madame d'Albret qui aimait le vin et les femmes lui donna rang parmi ses maitresses, et ne se brouilla avec elle qu'à cause de ses infidélités. M. d'Albret qui aimait aussi les femmes obtint d'elle qu'elle lui payât les droits d'hospitalité; non moins reconnaissant qu'il était aimable il se fit un devoir de la servir, et la poussa à la cour par l'entremise de madame de Montespan sa parente qui la fit gouvernante des bâtards du roi.

La figure de madame de Maintenon était d'une beauté sévère; son regard maîtrisait sans fierté, son port était plein de noblesse, sa démarche majestueuse et gracieusement cadencée; sa voix vibrait si harmonieusement que les choses les plus ordinaires prenaient dans sa bouche je ne sais quoi d'attrayant qui caressait l'esprit et laissait à l'âme une douce sensation, ce qui faisait dire d'elle proverbialement: « si vous persistez à la haïr, ne la voyez pas et surtout ne lui parlez pas. » Lorsqu'elle eut fait ses premières entrées à la cour, elle contracta l'habitude de se charger la figure de fard et de s'emplir les poches de parfums de toutes espèces; c'était d'ailleurs la coutume des dames de ce temps là, mais nulle d'entre elles ne l'exagéra comme madame de Maintenon. Louis XIV qui n'était pas toujours très galant, se plaignait un soir très vertement que toutes les dames infectaient ses appartemens d'une odeur de musc insupportable et priait celle qui s'était ainsi droguée de vouloir bien se retirer. Tout le monde protesta; à son tour madame de Maintenon qui était la seule coupable lança un regard à l'abbé Dubois qui comprit ce qu'on voulait de lui. Le petit précepteur dut à cette circonstance la fortune brillante qui plus tard couronna ses roueries. —Sire, dit-il en se courbant, j'aurai probablement touché quelque composition chimique dont l'odeur me sera restée.—Ah c'est vous petit abbé, qui vous êtes parfumé comme un *muguet*; sortez à l'instant. Le lendemain Dubois reçut de la part de madame de Maintenon les gants parfumés, qu'elle portait la veille remplis de pièces d'or et accompagnés de cette lettre *voiturienne* digne du jargon de l'hotel Rambouillet : « Pour récompenser ce dont vous vous donnâtes les gants, ne remerciez que vous-même. »

On lui acheta une petite maison qui devint la serre chaude de tous ces rejetons royaux qui commencèrent l'arbre généalogique de tant de familles, se prétendant *nobles et illustres*. Quand madame de Montespan commençait à ressentir les premières douleurs de la maternité, on écrivait à la gouvernante qu'elle eût à se rendre à Versailles.

La veuve Scarron recevait alors le nouveau né dans ses bras, et le visage couvert d'un masque, elle descendait les escaliers royaux, montait dans une voiture roturière, et portait le petit enfant mystérieux dans la petite maison dont les murs ne devaient avoir d'oreilles pour personne. Cette femme devenue indispensable et précieuse par sa discrétion, n'avait pu vaincre la vive antipathie que lui portait le roi. Il avait toujours accueilli avec dégoût les demandes que madame de Montespan avait faites en sa faveur. Un jour que cette favorite, alors si tendrement aimée, lui demandait pour sa gouvernante la terre de Maintenon, qui était alors en vente : « Oh ! toujours cette veuve Scarron, dit-il ; cette femme me porte à la tête : je veux bien vous accorder ce que vous me demandez, mais c'est à la condition que vous ne me parlerez plus d'elle pour quoi que ce soit. » — Voilà pourtant l'homme dont elle rêvait la conquête, et cet homme était un roi qui se laissant aller à ses premières impressions n'en revenait jamais.... Il y a dans le labyrinthe du cœur humain un fil qui conduit sûrement dans le secret de ses arcanes. L'œil de Maintenon l'avait aperçu. Louis XIV était *paillard et dévot*. C'est en piquant sa paillardise et en gourmandant sa dévotion, qu'elle se promit de violer son cœur et son antipathie. Pendant les absences de madame de Montespan, elle s'imposait au roi, affectait de lui raconter des détails bizarres : c'est ainsi qu'elle lui disait qu'elle avait l'habitude de se laver le corps presqu'à toutes les heures de la journée; qu'elle portait une chemise qui fermait de toutes parts et qu'elle ne couchait jamais qu'habillée. Certes le piège était adroit. Quand elle eut *fouetté* l'imagination du vieillard, elle vit bien qu'il demanderait à *voir*. Il le demanda et elle refusa. Louis XIV fut étonné de trouver un obstacle de la part d'une simple gouvernante. Il courut au-devant de la difficulté, et le premier roué du royaume tomba dans le piège qu'on lui tendait. Maintenon avait eu soin de mettre en avant Bossuet et le père La Chaise

qui ne manquèrent pas de représenter au roi
la Montespan comme une femme dangereuse
qui compromettait à la fois sa gloire et son
salut éternel. La défection fut rapide. Les
courtisans reposèrent leurs paillettes aux
rayons du soleil levant. Le duc du Maine lui
même conseilla à sa mère de s'éloigner pour
quelque temps de la cour. A peine fut-elle
sorti qu'il se mit à jeter tous ses meubles par
les fenêtres en chantant cette sale chanson:

Pars d'ici, pars de là, Catin,
Sans tambour ni trompette.

Tout le monde sait quelle fut depuis la
puissance de madame de Maintenon qu'on
appela d'abord *la Maintenon* comme si on eût
voulu présager par là qu'elle ne devait du-
rer que ce que durent les maîtresses. Elle
avait mieux jugé du caractère du roi et de
la puissance de l'ascendant qu'elle avait acquise. Elle reçut des mains de M. de Harlay
évêque de Paris, la bénédiction nuptiale,
dans l'un des cabinets de Sa Majesté, la nuit
en présence du père La Chaise, de Mont-

Chevreuil, Forbin et Bontemps. Elle mou-
en 1719, entourée des dames de Saint-Louis
dans la maison de Saint-Cyr dont elle était
supérieure et qu'elle avait fondée en 1686
en faveur des filles nobles et pauvres.

NINON DE LENCLOS.

Anne de Lenclos naquit à Paris en 1615;
elle était fille de M. de Lenclos, gentilhomme
de Tourraine, et d'une demoiselle de la
famille des *Abra de Raconis*, connue dans
l'Orléanais.

A l'âge de seize ans, mademoiselle de
Lenclos se trouva maîtresse d'elle-même. Sa
fortune n'était pas considérable, son père en
avait dissipé une partie : mais elle régla ses
affaires avec tant d'ordre et de prudence,
qu'elle se fit huit à dix milles livres de rentes viagères. Son amour pour la liberté ne
lui permit pas de songer au mariage. Elle
acheta une maison à vie, rue des Tournelles

au Marais ; elle en avait une autre à Picpus, près de Paris, où elle allait passer l'automne. Sa dépense fut réglée de façon qu'elle conservait toujours une année de son revenu pour être en état de secourir ses amis dans le besoin.

Mademoiselle de Lenclos ne fut pas long-temps ignorée, dès son enfance elle était connue par des reparties vives et ingénieuses qui faisaient autant de bons mots que l'on citait avec plaisir. A dix ans, elle avait lu Montaigne et Charron. Dans la suite elle apprit l'espagnol et l'italien qu'elle entendait et parlait à merveille.

Lorsqu'elle entra dans le monde, elle y parut aussi formée du côté de l'esprit et du caractère que si elle y avait passé nombre d'années. Sa taille était au-dessus de la médiocre et bien proportionnée ; une fraîcheur admirable donnait un nouveau prix à tous ses charmes. Sa figure n'était point éclatant ; on pouvait cependant dire qu'à l'examen mademoiselle de Lenclos était belle. Ses yeux étaient pleins de sentiment et de vivacité ; la décence et la volupté s'y disputaient

empire : son ton de voix était doux et inté-
ressant ; elle chantait avec plus de goût que
d'éclat, et avait pour la danse des talents
supérieurs.

Le soin de sa toilette l'occupait peu :
combien d'autres moyens n'avait-elle pas
pour plaire ! Elle était cependant mise no-
blement, et comme son goût était sûr et dé-
licat, sans paraître esclave des modes, ses
ajustements étaient toujours très bien en-
tendus. Enfin la plus belle âme unie au plus
beau corps la rendirent l'objet de l'admiration des hommes et de l'envie des femmes.

Mademoiselle de Lenclos fut admise dans
les sociétés les mieux choisies : elle en fit
bientôt les délices et l'ornement. Sa beauté
lui donna des amants de la plus haute naissance ; elle acquit par son esprit, ses talents,
son caractère, des amis du premier mérite.
Moins elle se fit scrupule d'être inconstante
et légère en amour, plus elle fut en amitié
constante et attachée ; et l'on peut dire que,
si elle n'eut pas les vertus de son sexe, au
moins elle eut peu de ses défauts. Comme

elle avait beaucoup lu et bien lu, ses lectures avaient formé son esprit, épuré son goût, rectifié son jugement; mais quoiqu'elle sût beaucoup, elle eût toujours grand soin de cacher son érudition.

Dans le nombre de tous ceux à qui elle inspira de l'amour, le premier qui parut favorisé fut le jeune comte de Coligny. On le peint d'une figure charmante, d'un esprit fin et enjoué, et d'une taille très élégante. Ce ne fut cependant pas à ces seuls avantages qu'il dut la préférence qu'il obtint sur ses rivaux. Il avait assez de mérite d'ailleurs pour devenir l'ami d'une femme telle que mademoiselle de Lenclos. Aussi lui fut-elle essentiellement attachée, et le lui prouva par tous les soins qu'elle prit pour lui faire abjurer des erreurs qui mettaient un obstacle invincible à son avancement et à sa fortune. Cet amour fut vif mais de peu de durée. Il s'en fallait beaucoup qu'elle eût pour cette passion la vénération de ceux qui veulent l'ériger en vertu ; elle gardait toute son estime pour l'amitié.

6 *

M. le duc de la Rochefoucault, Saint-Evremont, l'abbé de Châteauneuf, Molière, et les gens du mérite le plus distingué, avaient une estime particulière pour elle. La considération dont elle jouissait était portée au point que lorsque le grand Condé la rencontrait, il faisait arrêter son carrosse, et l'allait saluer à la portière du sien (il avait été son amant). Sans doute ce grand prince n'avait pas en amour les mêmes talents que dans l'art militaire; car un jour qu'il s'efforçait de lui exprimer sa passion, elle s'écria : *Ah mon prince, que vous devez être fort !* faisant allusion au proverbe latin : *Vir pilosus, aut libidinosus, aut fortis.* L'estime qu'il conserva toujours pour elle lui faisait d'autant plus d'honneur, que ce prince, au témoignage de madame de Sévigné, ne l'accordait pas facilement aux femmes.

Mademoiselle de Lenclos ne s'est jamais attachée par intérêt; son goût seul la déterminait à aimer. Le fameux cardinal de Richelieu, sur le récit qu'on lui fit de son mérite et de sa beauté eût envie de la voir

L'abbé de Bois-Robert, qu'il employait à ces sortes de négociations, se chargea de ménager leur entrevue. Elle se fit à Rueil, maison du cardinal. Le désir de voir de près un homme qui fixait sur lui l'attention de toute l'Europe, la détermina plutôt que tout autre motif. Le cardinal n'excita chez elle d'autre sentiment que l'admiration; l'espérance de jouir de la plus haute faveur en feignant de l'aimer, ne la séduisit point : aucune considération ne suppléait chez elle à l'amour.

Le cardinal voulut se venger de ses rigueurs avec Marion de Lorme, amie de mademoiselle de Lenclos. Cette femme comparable à son amie pour l'esprit, la figure et son penchant au plaisir, avait su faire excuser, par d'excellentes qualités, les faiblesses de son cœur; mais le cardinal trouva auprès d'elle les mêmes obstacles. On prétend qu'avec tous les talents qui forment un grand ministre, il n'avait pas celui de plaire aux femmes.

Ce fut à Ninon elle-même qu'il s'adressa

pour l'engager à fléchir tant de cruauté. Elle fut chargée de lui offrir cinquante mille écus, que mademoiselle de Lorme refusa pour rester fidèle au célèbre Desbarreaux, qu'elle aimait alors.

La reine Anne d'Autriche, alors régente du royaume, excitée par les clameurs quelques prudes de la Cour, avait envoyé ordre à mademoiselle de Lenclos de se retirer dans un couvent, lui laissant cependant le choix de celui qu'elle voudrait prendre pour sa retraite. Elle répondit à l'exempt des gardes, qu'elle était fort reconnaissante du choix qu'on voulait bien lui laisser, et qu'elle se déterminait pour le couvent des *Grands-Cordeliers*. On voit que mademoiselle de Lenclos n'était pas trop effrayée de la colère de la reine.

Le marquis de Villarceau a été celui de tous ses amants qu'elle a le plus long-temps aimé. Aussi avait-il tout ce qu'il fallait pour lui plaire et la fixer. Du côté de la figure, de l'esprit et du caractère, il réunissait tous les avantages, quoique son goût dominant pour

les femmes le rendit peu fidèle, et jaloux à
excès. Ninon vécut avec lui trois années
dans ses terres. Une vie aussi uniforme n'é-
tait cependant guère convenable à son caractère, et sans doute l'amour l'y soutint
moins que la crainte qu'elle avait de revenir
à Paris, pour être témoin des malheurs qui
affligeaient alors sa patrie.

Elle se consola bientôt de l'infidélité de
M. de Villarceaux. Un autre amant lui succéda. On n'est pas sûr que ce fût M. de Gou-
ville, homme aussi connu par son esprit
qu'estimable par les qualités du cœur. Il fut
son amant du temps de la Fronde, et s'attacha au parti du prince de Condé. Obligé par
cette raison de quitter Paris et de s'éloigner
de la cour, avant de partir il voulut prendre quelques mesures pour assurer la partie
de sa fortune qui consistait en argent comptant. Ne sachant à qui le confier, il se détermina à en remettre la moitié à mademoiselle de Lenclos, et l'autre entre les mains
du Grand-Pénitencier, connu par l'austérité
de ses mœurs.

Lorsque les troubles qui avaient fo[rcé]
M. de Gourville à s'éloigner furent dissip[és,]
il revint à Paris, et s'en alla d'abord ch[ez]
celui qu'il avait choisi pour le déposit[aire]
d'une partie de sa fortune. Il pensa que Nin[on,]
en femme du monde, n'aurait pas man[qué]
de se servir de son argent: quand il dema[nda]
sont dépôt au Grand-Pénitencier, on lui r[é-]
pondit avec beaucoup de sang-froid : « Qu[e]
l'on ne savait pas de quoi il voulait parl[er;]
qu'à la vérité l'on recevait quelquefois d[es]
sommes pour le soulagement des pauvre[s;]
mais que sur-le-champ on en faisait la distribution. » M. de Gourville voulut insist[er]
et se plaindre, l'on ne fut ébranlé ni de [la]
justice de ses plaintes ni de ses menace[s;]
on finit même par s'offenser de sa témérit[é;]
en sorte que par prudence il fut obligé [de]
se retirer.

Cette aventure le confirma dans ses soupçons sur mademoiselle de Lenclos. Il ét[ait]
si persuadé que, sous d'autres prétext[es]
elle lui ferait la même réponse, qu'[il]
n'alla point la voir. Cependant elle app[rit]

qu'il était à Paris, et lui fit des reproches sur la singularité de son procédé.
Il les prit d'abord pour une raillerie à laquelle il ne voulut pas répondre; mais elle
insista de façon qu'il ne put refuser de lui
faire une visite. « J'ai bien des reproches à
me faire à votre égard, lui dit-elle; il m'est
arrivé un grand malheur pendant votre absence, je vous prie de me le pardonner. »
M. de Gourville ne douta point que ce malheur ne fût tombé sur son dépôt. « J'ai
perdu, continua Ninon, le goût que j'avais
pour vous; mais je n'ai pas perdu la mé-
moire. Voici les vingt mille écus que vous
m'avez confiés avant que de partir : ils sont
encore dans la même cassette où vous les
avez serrés vous-même; remportez-les, et ne
nous voyons plus que comme amis. »

M. de Gourville, surpris et enchanté de ce
procédé, ne put s'empêcher de lui raconter
ce qui lui était arrivé avec le Grand-Pénitencier. Ninon, après l'avoir écouté avec
attention, lui dit : « Mon cher Gourville, ce
n'est pas surprenant; je ne suis qu'une Catin et non un prêtre. »

Mademoiselle de Lenclos aimait tendrement le marquis de la Chatre ; il était lui-
même éperdument amoureux d'elle ; mais
dans le moment où sa passion était la plus
vive, il reçut un ordre de la cour, qui l'obligeait à partir sur-le-champ pour se rendre à
l'armée. Quel coup pour deux amans heureux ! Elle employa vainement tout ce que
l'amour le plus tendre put lui suggérer, pour
le rassurer sur sa fidélité pendant son absence. Il la connaissait inconstante et légère ;
elle ne put calmer ses alarmes ni sa défiance.
Le dernier expédient qu'elle mit en usage
fut de lui offrir un billet signé de sa main,
par lequel elle s'obligeait à n'aimer jamais
que lui. Cette promesse le satisfit. Il accepta
le billet, le baisa avec transport, et partit
content.

Ninon ne fut pas long-temps à se livrer à
d'autres amours. Alors elle se rappela la
singularité du billet qu'elle avait donné au
marquis de la Chatre ; dans un moment où
son infidélité était le moins équivoque, elle
s'écria plusieurs fois dans les bras de son

nouvel amant : *Ah ! le bon billet qu'à La Châtre !*

Le comte d'Estrées et l'abbé d'Effia furent tous deux aimés d'elle mais ils se succédèrent de si près dans ses bonnes grâces que la paternité d'un fils qu'elle portait devint incertaine, ils se la disputèrent longtemps : enfin ils tirèrent au sort pour savoir à qui appartiendrait l'enfant, il échut au comte, qui fut dans la suite maréchal de France et vice-amiral.

Il semblait que tous ceux qui avait quelque mérite, dussent à mademoiselle de Lenclos l'hommage de leur cœur. Le comte de Fiesque qui était un des plus aimables seigneurs de la cour, lui paya ce tribut avec plus d'empressement que personne; elle prit, de son côté, la passion la plus vive pour lui: mais la femme la plus aimable ne peut se flatter d'inspirer un amour éternel : celui du comte de Fiesque s'affaiblit. Il ne crut pas devoir le dissimuler à celle qui l'avait inspiré. N'osant pas lui en faire l'aveu lui-même, il prit le parti de le lui écrire.

Mademoiselle de Lenclos était à sa toilette lorsqu'elle reçut le fatal billet : le soin de ses cheveux, qu'elle avait admirablement beaux, l'occupait dans ce moment ; frappée d'une nouvelle aussi peu attendue, elle coupa un côté de ses cheveux, les donna au valet de chambre du comte, et lui dit : « Portez-les à votre maître, et dites-lui que c'est là ma réponse. »

Le comte de Fiesque sentit combien il y avait de passion dans ce procédé. Il vola aux pieds de Ninon, tâcha de lui faire oublier la douleur dont il venait de l'accabler, et lui jura un amour plus tendre que jamais.

Si mademoiselle de Lenclos n'avait obtenu que l'estime des hommes, on aurait pu penser qu'elle ne la devait qu'au prestige de sa beauté. Les femmes même ne pouvaient lui refuser leur suffrage. Christine, reine de Suède, qui passa en France en 1658, voulut la voir. Mais l'éloge qu'elle en avait entendu faire au maréchal d'Albret et à quelques gens de lettres, lui parut hien en-dessous de la vérité; elle prit tant de goût à son commerce, qu'elle voulut l'emmener avec elle à Rome; mademoiselle de Lenclos, s'en défendit avec toute la reconnaissance et les ménagemens qu'elle devait à cette princesse. Dans la suite, Christine parlant d'elle, ne l'appelait que l'*Illustre Ninon*. Elle se souvenait toujours de la façon dont celle-ci avait un jour, devant-elle, caractérisé les prudes, en disant que c'étaient les *Jansénistes de l'Amour*.

Ninon n'était plus jeune, lorsque le marquis de Sévigné en devint amoureux. Leurs amours éprouvèrent bien des révolutions.

On dit qu'en quittant le marquis de Sévigné, Ninon ne conserva pas de lui une idée bien avantageuse, et qu'elle n'en parlait pas même avec beaucoup d'estime. Elle disait quelquefois que c'était un homme au-dessous de la définition, une âme de bouillie, un corps de papier mouillé; mais il faut croire qu'elle ne tenait ces discours que lorsqu'elle était brouillée avec lui; car le marquis de Sévigné a fait ses preuves dans la dispute

littéraire qu'il eut avec M. Dacier. L'en
jouement et la fine ironie qui y règnent
annoncent en lui plus d'esprit et de mérite
que Ninon ne lui en suppose.

Mademoiselle de Lenclos n'avait pas
la religion des sentiments bien orthodoxes.
Elle disputait un jour avec le père Dorlé
sur quèlque article de foi qui ne lui paraissait
pas facile à croire. « Eh bien, dit le jésuite,
en attendant que vous soyez convaincue,
offrez toujours à Dieu votre incrédulité. »

Elle ne fut cependant pas toujours aussi
fermement attachée à ses principes. Au milieu de sa carrière elle se retira dans un couvent.

M. de Saint-Evremont, qui connaissait
mieux que personne le cœur de Ninon, con-
tribua le plus à lui faire quitter un parti
aussi violent, et à renoncer à une vie si op-
posée à son caractère et au bonheur de ses
amis. Après quelque temps de retraite, elle
rentra dans le monde, et s'y comporta
comme auparavant.

Les femmes de la première distinction ne

se firent jamais scrupule de se lier avec elle:
elle sut toujours allier ses plaisirs avec la
décence. Un jour la marquise de... lui amena
ses deux filles qu'elle venait de retirer du
couvent. Jalouse de leur faire connaître une
personne d'un si rare mérite, elle voulut les
lui présenter; mais mademoiselle de Lenclos
les reçut sur l'escalier, les embrassa avec
amitié, et dit à la mère : Permettez-moi de
ne pas laisser entrer ici ces demoiselles. Riches et belles comme elles le sont, elles doivent
prétendre aux plus grands partis, et je crain-
drais qu'elles ne se fissent du tort en venant
chez moi. »

Le comte de Choiseuil, depuis maréchal
de France, fut un de ses amants ; il ne put
lui inspirer d'autres sentiments que ceux de
l'estime. « C'est un très digne seigneur, disait-elle de lui, mais il ne donne jamais envie de l'aimer. » Elle avait alors du goût
pour Pécourt, célèbre danseur. Les visites
qu'il lui rendait devinrent suspectes au comte
de Choiseuil. Il le rencontra un jour chez
elle. Pécourt avait un habit équivoque, assez

ressemblant à un uniforme. Après plusieurs propos ironiques, le comte lui demanda d'un ton railleur dans quel corps il servait. Pécourt lui répondit: Je commande au corps où vous servez depuis long-temps.

Cette réponse confirma les soupçons du comte; il éclata, se plaignit, et resta plus que jamais attaché à Ninon. Elle était excédée de son assiduité. Avec mille excellentes qualités, il avait le malheur de l'ennuyer; c'est ce qu'elle ne pardonnait pas volontiers. Un jour, dans un mouvement d'impatience, elle ne put s'empêcher de lui dire ce que Cornélie dit à César:

Ah ciel! que de vertus vous me faites haïr!

Le marquis de Gersai avait été plus heureux; il en avait eu un fils qu'il faisait élever sous le nom du chevalier de Villers, et auquel il avait toujours pris soin de cacher sa naissance. Dès que le chevalier fut d'âge à entrer dans le monde, il fut introduit chez Ninon, dont il était reçu comme tous

les autres jeunes gens de la plus haute naissance, qui venaient prendre chez elle le
bon goût, l'air du monde et le ton de la
bonne compagnie. Elle avait alors plus de
soixante ans. Son âge n'empêcha point le
chevalier de prendre pour elle la plus forte
passion. Il la contint quelque temps dans le
silence; mais son amour devint trop vif
pour être tenu plus long-temps secret. Il ex-
prima d'abord par le langage muet des atten-
tions, des soins et des empressements. Ninon était trop éclairée pour ne pas s'apercevoir de l'état de son fils: sa tendresse pour
lui était trop forte pour qu'elle n'en fût pas
sincèrement affligée. Elle fit pour le guérir
tout ce que la tendresse maternelle et la raison purent lui inspirer. Cette résistance ne
servit qu'à irriter les désirs du chevalier. Il
l'obligea de lui dire que, s'il persistait, elle
lui défendrait sa maison. La crainte de ne la
plus voir lui fit promettre de cesser de l'aimer. C'était l'amour même qui dictait ce
serment; ce fut aussi l'amour qui le fit rompre. Il voulut avoir avec elle une dernière

explication : l'excès de sa passion ne lui permit pas de rester plus long-temps dans l'incertitude. Le temps où elle était à sa maison de campagne lui parut le plus propre à son dessein. Il fut l'y trouver, elle était seule : il lui parla en homme désespéré. Ninon, attendrie par la pitié, pénétrée de douleur d'être la cause du malheur de son fils, ne se trouva plus en cette occasion la même fermeté qu'elle avait montrée jusqu'alors. Le jeune du Villiers crut que l'instant de son bonheur était enfin arrivé : des paroles il passa aux entreprises. Un sentiment d'horreur fit reculer Ninon : elle se vit forcée de lui apprendre qu'elle était sa mère. Que l'on se peigne s'il est possible, leur situation après cet aveu. Le chevalier sortit de l'appartement avec précipitation. Il s'enfonça dans le bois qui était au bout du jardin ; et là, dans un moment de désespoir, il se passa son épée au travers du corps.

Mademoiselle de Lenclos ne voyant point reparaître son fils, le fit chercher ; on le trouva baigné dans son sang. Elle vola à son succès. Quel spectacle pour une mère tendre et sensible ! Il voulut lui adresser quelques mots qu'il ne put articuler ; les regards qu'il jeta sur elle avant d'expirer, exprimaient encore sa passion ; mais l'agitation que lui causèrent les soins et la présence de sa mère, ne firent que hâter son dernier soupir. La raison et la philosophie n'eurent alors aucun empire sur l'esprit de cette mère infortunée. Il fallut tout mettre en usage pour la sauver de son propre désespoir. Cet événement fit sur elle une impression très-profonde, et c'est à cette occasion que l'on peut dire qu'à *Ninon* dissipée et légère, *succéda mademoiselle de Lenclos*, estimable solide, attachée ; et, en effet, depuis ce temps jusqu'à sa mort, on ne lui donna plus que ce dernier nom,

Cette espèce de réforme dans sa vie ne détruisit pas absolument son penchant à l'amour ; mais ses galanteries furent moins fréquentes, et conduites avec plus de prudence. Le poète de la bonne compagnie, le célèbre abbé de Chaulieu, soupira pour elle, et malgré les plaisanteries que la duchesse de B... faisait sur son défaut de talents réels en amour, on peut croire qu'il ne soupira pas en vain.

Chapelle, si connu par ce chef-d'œuvre de bonne plaisanterie et d'agréments, *son voyage avec Bachaumont*, ne fut pas aussi heureux auprès d'elle. Il s'en vengea par des vers qui ne firent honneur ni à son cœur ni à son esprit.

Le Grand-Prieur de V..., aussi mal traité que Chapelle, imita sa vengeance, en laissant ce quatrain sur la toilette de Ninon.

> Indigne de mes feux, indigne de mes larmes,
> Je renonce sans peine à tes faibles appas :
>   Mon amour te prêtait des charmes,
>   Ingrate, que tu n'avais pas.

Ninon répondit à ces vers par une plaisanterie qu'elle fit sur les mêmes rimes :

> Insensible à tes feux, insensible à tes larmes,
> Je te vois renoncer à mes faibles appas :
>   Mais si l'amour prête des charmes,
>   Pourquoi n'en empruntais-tu pas ?

Quelques auteurs regardaient son suffrage comme si important, qu'ils faisaient tout pour le mériter. M. de Toureille, de l'académie française, n'ayant pu l'obtenir pour sa traduction de Démosthène, s'en vengea en faisant contre elle l'épigramme qui suit :

> Dans un discours académique,
> Rempli de grec et de latin,
> Le moyen que Ninon trouve rien qui la pique?
> Les figures de rhétorique
> Sont bien fades après celles de l'Arétin!

Mademoiselle de Lenclos voulut un jour éprouver sur un de ses amants jusqu'à quel point un homme amoureux pouvait pousser la faiblesse pour une maîtresse qui voudrait en abuser. Elle choisit pour cet essai l'un des plus distingués par sa naissance ; et dans un de ces moments d'ivresse qu'elle avait si bien l'art de faire naître et de ménager, elle exigea de lui une promesse de mariage, avec un dédit de quatre mille louis. Il le lui aurait fait d'une somme encore plus forte, si elle l'avait désiré.

Quelque temps après le même homme se trouvant à sa toilette, fut fort étonné de voir sa signature sur une des papillotes qui avaient servi. Il la déplia, et l'ayant examinée, il vit que c'était un des morceaux du papier sur lequel il avait écrit son dédit. Il en marqua sa surprise. « Cela doit vous faire voir, lui dit-elle, quel cas je fais des promesses de jeunes étourdis comme vous, et combien vous vous comprometteriez avec une femme capable de profiter de vos folies. »

Le baron de Benier, fils du général suédois, parent des rois de Suède, fut un des derniers amants de mademoiselle de Lenclos. Elle avait près de 70 ans quand il en devint amoureux ; mais ce qui paraîtra plus extraordinaire encore, c'est la passion qu'elle inspira à l'âge de 80 ans à l'abbé Gédoyn qui sortait des Jésuites. Lorsqu'il fut introduit chez elle, de l'admiration qu'elle lui donna d'abord, il passa bientôt à un sentiment plus tendre. Son amour fut si vif et si puissant, qu'il réveilla dans le cœur de mademoiselle de Lenclos les restes de cette inclination dominante qu'elle avait toujours eue à la volupté. Elle résolut cependant de la contenir pendant un certain temps, et promit à son amant de faire pour lui ce qu'il exigeait avec tant de passion; mais elle ajouta qu'elle ne le pouvait faire qu'un tel jour d'un tel mois. En vain voulut-il la faire expliquer sur la singularité de cette réponse, il fallut s'armer de patience : le terme étant arrivé, il la somma de tenir sa parole : elle la tint avec toute la probité possible. Alors il la pressa de lui dire pourquoi elle avait différé son bonheur jusqu'à ce moment. » Passez-moi, lui dit-elle, ce petit mouvement de vanité. Lorsque vous commençâtes à exiger des preuves de mon amour pour vous, je n'avais encore que 79 ans et quelques mois; je voulus qu'il fut dit que Ninon à 80 ans accomplis, avait encore eu une bonne fortune, et je ne les ai que d'hier au soir. » Ainsi c'était avec justice que l'abbé de Chaulieu disait que l'amour s'était retiré jusque dans les rides de son front. L'abbé de

Gédoyn fut sa dernière passion : ils finissent
ensemble par la bonne amitie.

Quoique la santé de mademoiselle de Lenclos s'affaiblit tous les jours, sa maison n'en
était pas moins le rendez-vous de la bonne
compagnie de son temps. » La maison de
la célèbre Ninon, dit un auteur moderne,
était ce que la Cour et la ville avaient de
gens estimables par leur esprit. Les mères
les plus vertueuses briguaient pour leur fils
qui était dans le monde, l'avantage d'être
admis dans une société si aimable, que l'on
regardait comme le centre de la bonne compagnie. L'abbé Gédoyn n'eut qu'à s'y montrer pour y être goûté, et il y acquit des
amis qui s'intéressèrent vivement à sa réputation et à sa fortune. »

M. de Fontenelle déjà connu dans la république des lettres par des pièces qui annonçaient de grands talents, était admis dans
cette société.

Voltaire, encore enfant, fut présenté
à mademoiselle de Lenclos ; elle l'examina avec une grande attention ; et ce qui

fait l'éloge de son discernement, c'est qu'elle semble avoir jugé dès-lors qu'il serait un jour tel que nous le voyons aujourd'hui. Elle conçut pour lui tant d'amitié, et augura si bien de ses talents, qu'elle lui légua une somme pour acheter des livres.

Mademoiselle de Lenclos supportait sa mauvaise santé avec une patience admirable. Elle eut, d'elle-même, sur la fin de ses jours, l'attention d'aller à sa paroisse le plus souvent que ses forces le lui permirent. Elle fit une confession générale, et reçut tous ses sacremens avec les sentimens d'une véritable piété. Les approches de la mort n'altérèrent point la sérénité de son âme ; elle conserva jusqu'au dernier moment les agrémens et la liberté de son esprit. « Si l'on pouvait croire, disait-elle quelquefois, comme madame de Chevreuse, qu'en mourant on va causer avec tous ses amis en l'autre monde, il serait doux de le penser. » On dit même que quelques heures avant d'expirer, ne pouvant dormir, elle fit ce quatrain :

> Qu'un vain espoir ne vienne pas s'offrir
> Qui puisse ébranler mon courage :
> Je suis en âge de mourir ,
> Que ferais-je ici davantage ?

Mademoiselle de Lenclos mourut le 17 octobre 1708 , âgée de 90 ans , regrettée de tous ses amis.

Le nom seul de ses principaux amis fait son éloge. Les personnes, de la plus haute naissance et du premier mérite se firent un honneur d'être du nombre de ceux qu'elle voulait bien admettre dans son commerce et dans son amitié.

Mademoiselle de Lenclos s'était fait des maximes qui annonçaient la solidité et la justesse de son esprit. » Que les femmes sont à plaindre ! disait-elle quelquefois ; leur propre sexe est leur ennemi le plus cruel : un mari les tyrannise, un amant les méprise et souvent les déshonore ; observées de toute part, contrariées sans cesse, toujours dans la crainte et dans la gêne, sans appui, sans secours, elles ont mille adorateurs et n'ont pas un seul ami : faut-il s'étonner si elles ont de l'humeur, des caprices et de la dissimulation ? » Aussi disait-elle que sitôt qu'elle avait été capable de raisonner, elle avait examiné lequel des deux sexes avait le plus beau rôle, et que, s'étant aperçue que le meilleur lot n'était pas échu aux femmes, elle s'était fait homme. Suivant elle, la beauté sans grâce était un hameçon sans appât. Elle disait qu'une femme sensée ne devait jamais prendre d'amant sans l'aveu de son cœur, ni de mari sans le consentement de sa raison. Elle répétait souvent qu'on avait besoin de plus d'esprit pour faire l'amour comme il faut, que pour commander des armées. C'est d'après cette maxime qu'elle recommandait aux femmes d'acquérir parfaitement des talents et de cultiver leur esprit. » Une liaison de cœur est, disait-elle, celle de toutes les pièces où les entre'actes soient les plus longs et les actes les plus courts : de quoi remplir ces intermèdes, sinon par des talens ? »

On l'entendait quelquefois dire à ses amis

qu'il fallait faire sa provision de vivres et
non pas de plaisir, qui devait être pris au
jour la journée; qu'il fallait se contenter du
jour où l'on vivait, le lendemain oublier le
jour précédent, et tenir à un corps usé comme
à un corps agréable; que l'on était bien à
plaindre quand on avait besoin du secours
de la religion pour se conduire, et que c'était
la marque d'un esprit bien borné, ou d'un
cœur bien corrompu.

Quelqu'un lui faisait un jour compliment
sur la considération que lui marquaient des
personnes de la première qualité. « Les grands
seigneurs, répondit-elle, se glorifient du
mérite de leurs ancêtres, parce qu'ils n'en
ont point d'autre; les beaux esprits se glorifient de leur propre mérite, parce qu'ils le
croient unique; les gens de bon sens ne se
glorifient de rien. » Souvent elle traitait de
choses vaines, le bouclier d'Achille, le bâ-
ton d'un maréchal de France, et la croix
d'un évêque.

Mademoiselle de Lenclos n'a pas toujours
été sans regret sur les erreurs de sa jeunesse;

dans une lettre qu'elle écrivit à M. de Saint-Évremont, elle lui parle ainsi : « Tout le monde me dit que j'ai moins à me plaindre du temps qu'un autre ; de quelque façon que cela soit, si l'on m'avait proposé une telle vie, je me serais pendue. »

Elle rendait grâces à Dieu tous les soirs de son esprit, et le priait tous les matins de la préserver des sottises de son cœur. « Si j'avais assisté au conseil du Créateur, disait-elle quelquefois, lorsqu'il forma la nature humaine, je lui aurais conseillé de mettre les rides sous le talon. »

L'amour n'était pas à ses yeux un sentiment bien respectable, mais elle avait une grande vénération pour l'amitié, jusqu'à dire à ses amants qu'ils n'avaient point de rivaux plus à craindre que ses amis. Mais, quoiqu'elle ne jugeât pas de l'amour avantageusement, cela ne l'empêchait pas de dire qu'il n'y avait rien de si varié que les plaisirs qu'il nous procure, quoiqu'ils soient toujours au fond les mêmes. » Les poètes sont des fous, disait-elle à cette occasion, d'avoir donné au fils de Vénus un flambeau, un arc, un carquois; la puissance de ce Dieu ne réside que dans son bandeau : tant que l'on aime, on ne réfléchit point ; dès qu'on réfléchit, on n'aime plus. »

Les malheurs que les amis de mademoiselle de Lenclos pouvaient éprouver ne servaient qu'à augmenter son attachement pour eux. Son empressement à les secourir de ses conseils, de son crédit et de sa bourse, fut toujours le même. M. de Saint-Évremont ne fut point oublié dans son exil. Elle employa pour obtenir son rappel tous ceux de ses amis qui avaient quelque crédit auprès des ministres. Mais tous ses efforts n'eurent de succès que dans un temps où M. de Saint-Évremont, trop âgé, ne voulut pas profiter de son rappel, et aima mieux, comme il le disait lui-même, rester avec des gens accoutumés à sa loupe.

Mademoiselle de Lenclos eut toujours pour maxime inviolable de ne jamais rien recevoir de ses amans, ni même de ses amis. Lorsque sa vieillesse et sa mauvaise santé eurent

multiplié ses besoins, M. de la Rochefoucault et plusieurs autres de ses amis lui envoyèrent des présens et des secours considé-
rables : elle les refusa constamment. En un
mot, si mademoiselle de Lenclos eût été un
homme, on n'aurait pas pu lui refuser le
titre du plus honnête et du plus galant
homme qui fut jamais. M. de Saint-Évremont a caractérisé son âme admirablement
par ce quatrain :

L'indulgente et sage nature
A formé l'âme de Ninon
De la volupté d'Épicure
Et de la vertu de Caton.

SOPHIE ARNOULT.

Sophie Arnoult, naquit à Paris en 1740.
Son père était un bourgeois qui tenait un
hôtel garni ; l'aisance de sa fortune lui permit de ne rien négliger pour l'éducation de

ses enfans. Sophie avait reçu de la nature un esprit vif, un cœur tendre, une voix céleste qui vibrait à l'âme ; ses yeux étaient les plus beaux du monde. Il n'en fallait pas tant pour faire fortune à l'Opéra. Sophie Arnoult y arriva par une route singulière. La princesse de Modène qui faisait son entrée au Val-de-Grace, fut frappée de la beauté d'une voix qui chantait une leçon de ténèbres. Les grandes dames allaient alors dans 'les monastères pendant la semaine sainte, faire pénitence des péchés qu'elles s'étaient permis dans le carnaval. Le salut de la princesse devint la perdition de Sophie ; mais Dieu a des grâces pour tout le monde, et puis d'ailleurs la petite bourgeoise fut une si bonne petite fille..... pour moi je pense que le bonheur qui nous vient des femmes est un à compte que Dieu nous envoie ; c'est la parcelle d'or qui assoupit le malheur, le plus affreux des créanciers. L'inévitable intendant des menus, trouva le moyen d'entendre la jeune virtuose, et malgré sa mère, de la faire entrer dans

la musique du roi. C'était la route honnête pour monter sur le théâtre ; un
ordre de début vérifia bientôt la prophé-
tie de madame de Pompadour, qui s'y
connaissait, et qui dit après avoir vu et entendu Sophie : « Il y a là de quoi faire une
princesse. » Mademoiselle Arnoult justifia
cet horoscope de la favorite et l'éclipsa sur
un théâtre non moins orageux que la Cour.
On disait alors : « les dames de la comédie
française, les demoiselles de la comédie ita-
lienne et les filles de l'opéra. » Il est vrai
qu'on disait aussi : les dames de la halle. »

Sophie Arnoult s'éleva en peu de temps,
par la beauté de son chant, par un sentiment
exquis, par la grâce et la vivacité de son
esprit, et par l'éclat de ses amours, à la dignité de reine de l'Opéra. Elle trouva le
moyen d'avoir les profits d'une fille, les succès d'une grande actrice, et la réputation
d'une femme d'esprit ; elle dépensait avec
une égale profusion sa jeunesse, ses saill-
lies, et les largesses de ses amans. Un noble attachement qui dura toujours, et

quelques brillantes infidélités, donnèrent à cette fille célèbre des amans distingués, et la meilleure société de Paris en hommes. Sa maison qui rappelait souvent celle de Ninon de l'Enclos, était fréquentée par les grands seigneurs et par les hommes célèbres. D'Alembert, Diderot, Helvétius, Mably, Duclos, J. J. Rousseau y renouvelaient les entretiens des philosophes chez Aspasie. Sophie fut chantée par Dorat, Bernard, Rhulières, Marmontel, Favart et tous les beaux esprits du temps. Les bons mots de mademoiselle Arnoult lui ont survécu, on a eu tort d'en faire un recueil; on est obligé de les choisir. Une de ses amies se plaignait devant elle d'approcher de trente ans, quoiqu'elle en eut davantage; « console toi, lui dit elle de t'en éloigner tous les jours. » Un fat pour la mortifier en lui disant : « A présent l'esprit court les rues. « Ah! monsieur, dit Sophie, c'est un bruit que les sots font courir. » Un jour elle rencontra au bois de Boulogne, son médecin qui allait voir un malade avec un fusil sous son bras. « Docteur, lui

reprit-elle, il paraît que vous avez peur de le
marquer. » Une grande dame disait près d'elle,
au spectacle : « On devrait bien distinguer
les femmes honnêtes par des marques hono-
rables. » Madame, lui dit mademoiselle Arnoult, pourquoi voulez-vous mettre *les filles
dans le cas de les compter ?* » En apprenant
un trait de prodigalité, elle s'écria : « Quand
on a tant d'argent de trop, pourquoi le bonheur ne se vend-il pas ? » Lorsque le divorce
fut établi, sa fille en profita ; mademoiselle
Arnoult blama sa conduite et lui dit. » Le
divorce est le sacrement de l'adultère. » Une
dame qui n'était que jolie se plaignait d'être
obsédée par la foule de ses amans : « Ah ! ma
chère, lui dit mademoiselle Arnoult, il vous
est si facile de les éloigner ; vous n'avez qu'à
parler. » A une époque où un homme de
qualité, fort riche, était son amant en titre,
il la surprit en tête à tête avec un chevalier
de Malte, et voulut se fâcher quoiqu'il fut
lui-même très connu par sa légèreté et son
inconstance. « Votre procédé est injuste, dit
mademoiselle Arnoult, M. accomplit son

vœu de chevalier de Malte ; il fait la guerre aux infidèles. » Une cantatrice assez médiocre, et qui avait une organe roque avec des inflexions de voix triviales et populaires, fut un jour très mal accueillie dans un rôle de *Clitemnestre* : « C'est étonnant, dit mademoiselle Arnoult, elle a cependant la voix du peuple. » Ayant acheté, dans les premières années de la révolution, pour refaire sa maison de campagne, le petit presbytère de Luzarche, elle fit mettre sur la porte d'entrée : « *ite missa est.* » Elle dit un jour à quelqu'un qui lui montrait une boîte, sur laquelle la flatterie avait accolé au portrait de Sully, celui du ministre Choiseul : « C'est la recette et la dépense. » Ajoutez que chacun de ces traits si finement aiguisés de causticité étaient lancés par la plus gracieuse des petites bouches, tandis qu'un souris charmant allait se cacher dans le coin de ses lèvres, comme on voit sur certaine gravure, l'Amour courant se tapir sous un bosquet de roses après avoir piqué Vénus. Aussi n'eut-elle jamais d'ennemis, et quelque fut son entraînement à faire de l'esprit, elle n'eut point voulu sacrifier la susceptibilité de ceux qu'elle estimait, au plaisir de dire un bon mot. Naturellement bonne, elle sut faire de l'amour une bonne œuvre; quand on venait lui offrir un cœur sans argent, mais un cœur généreux et aimant, elle l'acceptait, disant qu'elle ne voulait point faire de martyrs parmi ses adorateurs. Le jour de ses grandes entrées, l'amour venait la voir avec une corne d'abondance sur les épaules, mais en petit comité il partait un carquois. Comme on lui reprochait ses faiblesses de sentiment qui lui faisaient favoriser de beaux garçons sans argent, elle répondit : « Eh ! mon dieu, *cela* nous coûte si peu, et leur fait tant de plaisir ! » Une autre fois qu'un homme de qualité lui offrait beaucoup d'argent à condition qu'elle lui serait fidèle ; « Plut à dieu ! dit-elle, mais une pauvre souris qui n'a qu'un trou est bientôt prise ! » Sophie n'était pas moins bonne actrice que chanteuse parfaite : son âme, si pleine de tendresse s'épanouissait

jusque sous les émotions factices de son
rôle : elle avait des larmes pour la scène
et le boudoir. Voilà les quelques fleurs de
poésie que lui a données Dorat, dans son
poëme de la déclamation :

> Quand de Psichée, au milieu de l'orage,
> Arnould les yeux en pleurs me vient offrir l'image
> Et frémir sous la nue, où brillent mille éclaires ;
> Puis-je entendre sa voix dans le fracas des airs ?
> J'aime à voir son effroi, lorsque la foudre gronde,
> Et ses regards errants sur les gouffres de l'onde ;
> Ses sons plaintifs et sourds me pénètrent d'horreur ?
> Et son silence même ajoute à ma terreur.
> Grâce à l'illusion, je sens trembler la terre,
> Cet airain en roulant me semble un vrai tonnerre ;
> Ces flots que l'art soulève, et sait assujétir,
> Sont des flots écumans tout prêts à l'engloutir ;
> Et lorsque le flambeau des pâles Euménides,
> Eclaire son désordre et ses grâces timides,
> J'approuve sa frayeur, je frissonne je crois
> Entendre tout l'enfer rugir autour de moi.

Quelques heures avant sa mort qui arriva
en 1802, le curé de St.-Germain-l'Auxer-

rois lui ayant administré les sacremens, M. le curé, dit-elle, je serai comme Marie Magdelaine; beaucoup de péchés me seront remis parceque j'ai beaucoup aimé. »

MADAME DE POMPADOUR.

Le Dauphin venait d'épouser une princesse espagnole (février 1745). Malgré les charges que la guerre avait jusqu'alors fait peser sur l'État, il fallut que l'allégresse publique éclatât par des réjouissance qui contrastaient avec la situation où se trouvait le royaume. La capitale se distingua dans cette circonstance. Il y eut à l'hôtel-de-ville un bal masqué que les nouveaux époux et le roi honorèrent de leur présence. Dans cet essaim de beautés qui s'y trouvaient réunies, et qui rivalisaient de grâces et d'attraits, les désirs de Louis XV erraient de l'une à l'autre sans trouver où se fixer, lorsqu'un masque vint s'attaquer à lui. Quelques mots

9 *

sont échangés; une agaçante coquetterie, des réparties vives et spirituelles piquent la curiosité du roi; on cède à ses importunités, on découvre des traits que Louis se rappelle avoir vus ailleurs, mais dont l'effet n'est ni moins prompt ni moin... aussitôt on le rejette dans la fou... nière cependant à ne pas écha... gards passionnés du prince. Toutefois, en fuyant, on a laissé tomber un mouchoir que le galant monarque s'empresse de relever puis, ne pouvant percer jusqu'à celle à qui il appartient, il le lui jette avec toute la grâce, toute la politesse possible; un murmure confus se fait entendre dans la salle! *Le mouchoir est jeté!* il l'était en effet, et le triomphe de madame d'Étioles désespéra une foule de rivales, qui toutes aspiraient à remplacer madame de Châteauroux.

Madame d'Étioles, depuis marquise de Pompadour, née en 1722, à la Ferté-sous-Jouarre, était fille d'un sieur Poisson, qui, si l'on en croit Voltaire, avait amassé quelque argent en vendant du blé aux entrepre-

...des vivres : on lit aussi dans plusieurs
ouvrages du temps, que Poisson était bou-
cher des Invalides, circonstance que la favorite, son frère et ses amis peuvent bien
avoir cherché à dissimuler. Quoi qu'il en
soit, de mauvaises affaires obligèrent Poisson de prendre la fuite, et d'abandonner sa
femme et sa fille.

Lenormand de Tournehem, fermier-géné-
ral, vint au secours de ces dames. Depuis
long-temps amant de madame Poisson, il se
regardait, non sans raison peut-être, comme
le père de la petite Antoinette, à laquelle il
fit donner une brillante éducation. Musique,
danse, dessin, gravure sur cuivre et sur
pierre, elle apprit tout, et inspira à son
protecteur un si vif attachement, qu'il lui
fit épouser son propre neveu, Lenormand
d'Étioles, à qui il assura toute sa fortune,
lui en donnant même d'avance une partie.

Qui aurait cru qu'une alliance aussi
avantageuse ne dût satisfaire l'ambition de
madame Poisson ? Cependant cette femme,
dont l'immoralité était publique, avait con-

çur une autre espérance, et n'eut point de repos qu'elle ne la vît réalisée. Après avoir pendant long-temps spéculé sur ses propres charmes, elle avait compté sur ceux de sa fille; et à force de lui dire qu'elle était un *morceau de roi*, elle était parvenue à lui inspirer le désir de devenir la maîtresse du monarque. « Madame d'Étiole, dit Voltaire, m'avouait qu'elle avait toujours eu un secret pressentiment qu'elle serait aimée du roi, et qu'elle s'était senti une violente inclination pour lui, sans trop la démêler. » Ces deux femmes poursuivirent leur but avec une rare persévérance. Madame d'Étiole ne manquait pas une seule des chasses royales dans la forêt de Sénart, où Tournehem possédait un fort joli pavillon. Chaque fois, elle se présentait aux yeux du roi dans un équipage d'une légèreté et d'une élégance remarquables; dans un costume toujours nouveau et toujours propre à ajouter quelque éclat à des charmes qui pouvaient aisément se passer du secours de l'art. Elle devait à la fin être remarquée; Elle le fut!

mais elle attira également l'attention de madame de Chateauroux, qui se tint en garde contre ces inquiétantes manœuvres, et qui sut les rendre vaines. La mort prématurée de la duchesse laissa le champ libre à à madame d'Étioles.

En cette occasion, Binet, son parent, valet de chambre du roi, la servit parfaitement. Cependant elle n'était pas d'un rang à pouvoir faire ses conditions, comme madame de Chateauroux; elle fut obligée de se rendre aux désirs pressans et absolus de son amant. Plusieurs entrevues eurent lieu secrètement soit à Versailles, soit plus souvent encore à Paris, dans une maison située rue Croix-des-Petits-Champs, et dont la porte donnait rue des Bons-Enfans. Louis XV arrivait par cette porte, accompagné, dit-on, de deux courtisans du premier ordre, qui avaient, on peut le croire, calculé les avantages à retirer pour eux d'une publicité graduée et adroitement ménagée; ils restaient avec la mère, tandis que leur maître s'entretenait avec la fille dans un apparte-

ment séparé. Le roi n'avait sans doute
envisagé d'abord, dans cette liaison, qu'un
de ces amusemens passagers dont il avait
contracté l'habitude; mais, madame d'Étioles, qui avait eu le temps d'étudier le caractère faible et indécis du monarque, enleva
pour ainsi dire de surprise, ce poste de
maîtresse en titre, qu'elle n'eût peut-être
pas obtenu si elle l'eût attendu. Craignant
ou feignant de craindre la puissance d'un
mari offensé, elle alla demander un asile à
Versailles; parvint, malgré un premier refus du roi, à s'établir d'abord à la surinten-
dance; puis dans un appartement voisin de
celui du prince, qui se crut entraîné par
une nécessité irrésistible à un éclat qu'il
n'avait pas prévu, et qu'il eût voulu probablement éviter, sinon par respect pour les
bienséances, du moins par *respect* pour son
propre repos.

Madame d'Étioles accompagna le roi pendant la campagne illustrée par la bataille
de Fontenoy; mais elle se tint dans l'ombre,
pour dérober au Dauphin un commerce dont

l'exemple pouvait être dangereux. Cette retenue s'évanouit avec l'empire toujours croissant que la favorite sut prendre sur son faible amant. Devenue enfin le canal des grâces et des faveurs, elle en accabla sa famille, renversa et nomma des ministres et des généraux ; fut l'arbitre de la paix et de la guerre, et remplit la France d'un nom devant lequel tout dut s'incliner. Déjà celui de son mari, dont elle était séparée, ne pouvait plus lui convenir; et le titre de marquise de Pompadour lui avait été donné par Louis XV, qui ressuscitait en sa maîtresse une ancienne maison éteinte en 1722. Elle en prit les armes, bien qu'elle y fût totalement étrangère, et crut faire oublier ainsi la fille de madame Poisson, et la femme de Lenormand d'Étioles.

Un certain *Poisson*, tambour au régiment de Piémont, apprit la rapide élévation de sa cousine, et s'empressa de venir réclamer sa protection. Elle chercha à le faire entrer dans le régiment du roi; les officiers de ce corps s'y opposèrent, et ne dissimulèrent

pas à l'ex-tambour qu'il finirait par suc-
comber, à moins, ce qui était peu probable
qu'il ne tuât tous ses futurs camarades. Madame de Pompadour voulait faire punir le
régiment ; mais on était en guerre, et l'on
craignit un mécontentement. Le cousin fut
nommé lieutenant de dragons, puis capitaine ; il passa ensuite dans les carabiniers,
et mourut maréchal-de-camp, avec la réputation d'un brave militaire.

On voit que madame de Pompadour,
comme toutes les favorites, combla sa famille de biens et d'honneurs. Elle n'oublia
pas sa propre fortune, qu'elle sut rendre
immense.

Aux grâces les plus touchantes de sa personne, secondées de tout ce qu'une éducation
peut donner de plus charmant, elle joignit
un art, si nécessaire à Versailles, l'art
de badiner dans un ton inconnu au roi et
à la cour. Son adresse ne manquait pas
de donner du prix aux plus petites baga-
telles ; personne n'avait tant de grâce qu'elle
à raconter une histoire, où les petits événe-

ments de la cour ou de la ville. Elle chantait, elle jouait en maître de la plupart des
instrumens : elle dansait avec ces airs et
cette légèreté de nymphe dont elle avait
toute la délicatesse et toute l'agilité : elle
excellait surtout dans l'art de déployer, toujours à propos, ses gentillesses, et de ne les
faire paraître sur les rangs qu'au moment
favorable où elles pouvaient être mieux sen-
ties. Sa pénétration allait jusqu'à découvrir
le moment où chacune d'elles cesserait d'être
agréable : elle ne l'attendait pas. Déjà les
décorations étaient changées, qu'on n'était
pas encore revenu de la surprise et de l'admiration qu'elles avaient excitées. Nul di-
vertissement n'était réputé tel, s'il n'était
de son invention, ou s'il n'avait mérité l'honneur de son approbation. On voulait que
tout fût à la Pompadour dans ces petits soupers que le roi aimait tant, et dont il avait
su bannir ce que le cérémonial a de gênant,
au milieu de quelques personnes choisies,
qui étaient alors ses amis bien plus que ses
sujets. Dépouillé de tous les dehors de la

majesté royale, il se livrait tout entier au
plaisir de la voir animer cette troupe volup-
tueuse, et y répandre l'esprit de gaîté, dont
elle était l'âme et la vie de toutes les petites
parties.... » C'est ainsi que Soulavie retrace
d'une manière plus vraie qu'élégante, l'art
prodigieux avec lequel madame de Pompadour savait combattre l'ennui de son roi.
J'ajouterai ce que dit un autre écrivain sur
le même sujet. « Non contente d'avoir, dans
le château de Choisy, un théâtre où elle fi-
gurait elle-même, madame de Pompadour
en fit construire dans toutes les maisons
royales; et les personnages les plus illustres,
hommes et femmes, se livrèrent au jeu de
la scène, pour divertir le monarque et son
amie.... Les moyens d'amusement qui peuvent fournir aux entretiens les révélations
scandaleuses de la police d'une immense capitale étaient aussi mis en usage par elle,
pour écarter de son royal amant les soucis,
les inquiétudes publiques. » Voici, pour
donner le dernier coup de pinceau à ce tableau, ce que dit encore l'histoire de Paris.

« La police était péniblement occupée, chaque jour, à rechercher, à recueillir dans tous les mauvais lieux de cette capitale, les noms de toutes les personnes qui avaient la faiblesse de s'y rendre; et même, ce qui est plus honteux, à décrire avec détails la nature des plaisirs que ces personnes y avaient pris. On en faisait des rapports, on en dressait des procès-verbaux en forme; et ce ramas de souillures était régulièrement offert au roi, qui s'en amusait, ou bien y trouvait des exemples de corruption propres à autoriser la sienne. »

« La favorite pouvait, à son gré, disposer de la bourse du roi, et elle en disposait impitoyablement; outre les sommes immenses qui en sortirent pour fournir aux dépenses du train de vie où elle l'avait embarqué, elle en tirait de plus grandes encore pour elle-même. Cet argent, joint à ce qu'elle a tiré de la vente de sa protection, de la distribution des charges et des emplois, de mille autres moyens encore que la puissance royale remettait dans ses mains, fut incalculable. »

Berryer de Ravenoville était alors lieutenant général de police. Ce magistrat s'était acquis les bonnes grâces de la favorite en interceptant une lettre dans laquelle d'Argenson ne ménageait ni le roi ni madame de Pompadour. Le ministre avait été disgracié. Berryer, s'attachant à sa protectrice, lui rendait les dégoûtans services que j'ai signalés. Là ne se bornait pas son zèle. Pour mieux faire sa cour, il cachait à la marquise les plaintes dont elle était l'objet, et livrait à sa curiosité tous les secrets de sa place. Il employait son activité à déjouer les manœuvres dirigées contre elle, ainsi qu'à découvrir et à punir les écrivains qui peignaient l'impudente maîtresse sous ses véritables couleurs. Aussi, objet constant de sa protection spéciale, fut-il porté plus tard au ministère de la marine. Dans ce poste il n'avait plus la même facilité pour servir les vengeances de madame de Pompadour. Mais avant et après lui, le donjon de Vincennes et les cachots de la Bastille ne se peuplèrent pas moins des nombreuses victimes de l'implaçable marquise. On connaît la triste destinée de d'Allègre, de Latude, et de tant d'autres, hommes et femmes, expiant dans une affreuse captivité, d'importuns murmures ou le simple soupçon d'une rivalité dangereuse. Jamais, enfin, on ne prodigua avec plus de légèreté ces odieuses lettres de cachet, arme terrible du despotisme, dont la révolution a fait justice.

En 1748, un accident imprévu, qui aurait dû ruiner le crédit de la marquise, vint au contraire prouver tout l'empire qu'elle exerçait sur l'esprit de son amant. Un dérangement, auquel son sexe est sujet, attaqua madame de Pompadour avec tant de force, que pour éviter les graves inconvéniens qui en pouvaient résulter, la roi, sur l'avis des médecins, fut obligé de s'interdire avec elle les plaisirs dont il s'était fait une douce habitude. La situation était embarassante pour la maîtresse. Elle eut plus que jamais recours aux distractions de toute espèce : musique, danse, spectacle, voyages, cérémonies, tout fut employé par elle, avec succès d'abord; mais enfin le penchant qui entraînait Louis vers les femmes ne rendait vraiment agréables à ce prince que les plaisirs d'un seul genre. Il fallut s'arranger d'après cela; madame de Pompadour ne vit plus de moyen de retenir le monarque dans ses chaînes qu'en se faisant la surintendante de ses amours, et le Parc-aux-cerfs fut créé.

L'infirmité de madame de Pompadour donnait de nouveau beau jeu à la malignité publique. La favorite fut poursuivie avec une constance qui ne put être égalée que par celle qu'elle-même apporta dans ses vengeances. Le comte de Maurepas devint une de ses premières victimes. Ce seigneur, que Louis XV honorait de son amitié, s'était déjà permis quelques plaisanteries sur le compte de la marquise, et le roi en avait ri. Un jour, à Marly, elle trouva sous sa serviette le quatrain suivant :

La marquise à bien des appas ;
Ses traits sont vifs, ses grâces franches

> Et les fleurs naissent sous ses pas :
> Mais, hélas ! ce sont des fleurs blanches.

On conçoit le courroux de madame de Pompadour. Il n'était pas prouvé que le comte fut coupable, mais il était soupçonné, et il reçut l'ordre de se démettre de ses emplois. On n'avait pas d'ailleurs oublié certaine chanson dont il passait plus légitimement pour être l'auteur :

> Cette petite bourgeoise,
> Élevée à la grivoise,
> Mesurant tout à sa toise,
> Fait de la cour son taudis.
> Louis, malgré son scrupule,
> Froidement pour elle brûle,
> Et son amour ridicule
> A fait rire tout Paris ., etc.

C'est à peu près le même esprit qui distingue ces vers de Voltaire.

> Telle plutôt cette heureuse grisette
> Que la nature ainsi que l'art forma
> Pour le b..... ou bien pour l'Opéra ;
> Qu'une maman avisée et discrète

Au noble lit d'un fermier éleva,
Et que l'Amour, d'une main plus adroite,
Sous un monarque entre deux draps plaça.
Sa vive allure est un vrai port de reine,
Ses yeux fripons s'arment de majesté,
Sa voix a pris le ton de souveraine,
Et sur son rang son esprit s'est monté.

La marquise enfin, incapable depuis long-temps d'enivrer les sens de son amant par ses charmes, s'attacha continuellement à captiver son esprit, pour le subjuguer et se rendre indispensable. L'adulation, ce moyen infaillible auprès de tous les hommes, dit un écrivain, fut un de ceux qu'elle mit particulièrement en usage. Cette adulation ne consistait pas simplement dans l'art commun aux courtisans d'approuver en tout le monarque, d'applaudir à ses actions et jusqu'à ses moindres paroles, ou de prévenir ses désirs, mais dans l'art plus difficile et souvent pénible d'écarter de Louis les soins, les soucis, les inquiétudes du gouvernement. Elle se fit *premier ministre*, et ne justifia que trop bien, pour sa part, le mot de Frédéric de Prusse, qui appelait plaisamment le règne de Louis XV, *le règne des trois Cotillons*. Madame de Pompadour était Cotillon II, comme madame de Châteauroux avait été Cotillon Ier, et comme plus tard madame Du Barri fut Cotillon III.

Quand madame de Pompadour fut placée si haut dans le gouvernement, le roi jugea convenable d'apporter plus de décence dans un commerce où les sens n'étaient plus pour rien. Il fit donc murer toutes les communications secrètes de leurs appartemens; et nomma celle qu'il ne regardait plus que comme *son amie*, dame du palais de la reine. C'est alors que se prépara cette guerre fatale, si honteusement célèbre par la déroute de Rosbach. Favori de madame de Pompadour, Soubise y commandait; échappé au désastre de cette journée, il revint à Versailles, et ne fut puni de son inhabileté que par les vers satiriques qui inondèrent la capitale, et qui frappèrent en même temps sa protectrice.

En vain vous vous flattez, obligeante marquise,
De mettre en beaux draps blancs le général Soubise;
Vous ne pouvez laver à force de crédit
La tache qu'à son front imprime sa disgrâce:
    Et quoi que votre faveur fasse,
En tout temps on dira ce qu'à présent on dit,
    Que si Pompadour le blanchit,
    Le roi de Prusse le repasse.

La marquise ne survécut pas long-temps au traité de paix de 1763. Elle tomba malade à Choisy, et fut réduite à un état de langueur auquel la mort seul put mettre un terme. On prévint Louis XV du danger où était *son amie*; il reçut cette nouvelle avec la plus parfaite indifférence, ne changea rien à ses habitudes, continua de s'entretenir avec elle des affaires de l'État, et la fit transporter de Choisy à Versailles. Le lieu où elle était, la tournure d'esprit du roi, qui tenait aux pratiques extérieures, exigeaient qu'elle remplît les derniers devoirs de la religion; *elle le fit sans faste et sans pusillanimité, demandant hautement pardon à sa maison, et à tous es courtisans présens, du scandale qu'elle leur avait causé.* Le jour même de sa mort, le curé de sa paraisse à Paris vint la voir, et comme il prenait congé d'elle, « Un moment, M. le curé, lui dit la marquise; nous nous en irons ensemble » : elle expira quelques instans apras, âgée de 42 ans, le 15 avril 1764. A peine eut-elle rendu le dernier soupir qu'on fit sortir son corps de Versailles et qu'on le renvoya à son hôtel. Louis XV vit d'un œil sec passer le convoi sous ses fenêtres, et dit froidement qu'il arriverait à dix heures à Paris. Elle avait témoigné le désir d'être inhumée dans un caveau de l'église des Capucines de la place Vendôme.

La haine publique la poursuivit jusqu'après sa mort. On fit circuler les épitaphes suivantes :

> Ci-gît qui fut quinze ans pucelle,
> vingt ans c....., puis sept ans m.........

Par son testament, elle pria le roi d'accepter le don de l'hôtel qu'elle occupait à

Paris, exprimant le désir qu'il pût être la demeure du comte de Provence (Louis XVIII). Elle laissa aussi au monarque toutes ses pierres gravées, et légua le surplus de ses meubles et immeubles à son frère le marquis de Marigni. La vente de son mobilier dura un an. C'était un spectacle où l'on allait par curiosité : il semblait que toutes les parties du monde se fussent rendues tributaires de la marquise.

MADAME DU BARRI.

Cette femme célèbre vit le jour le 19 août 1746, dans la patrie de Jeanne-d'Arc, à Vaucouleurs. Ce bizarre rapprochement rendit plus piquant le quatrain suivant qui circula dans Paris au temps de la faveur de madame Du Barri :

France quel est donc ton destin
D'être soumis à la femelle !

« Tou salut vint d'nne pucelle ;
Tu périras par la c.... »

Assez d'obscurité a enveloppé la naissance de madame Du Barri ; et cette obscurité s'étend également sur ses aventures jusqu'au moment ou elle fit la connaissance du comte Jean Du Barri, dit le Roué.

Le hasard procura pour parrain à la jeune Marie Jeanne le sieur Du Monceau, qui, de suite après la cérémonie, quitta Vaucouleurs, où son service l'avait momentanément appelé. Plusieurs années s'écoulèrent. Le financier avait sans doute oublié sa filleule, lorsqu'un jour il la vit arriver chez lui, à Paris, accompagnée de sa mère. Celle-ci était veuve et dans la dernière misère ; Du Monceau lui procura une place, et fit entrer la jeune fille dans la communauté de Sainte-Aure, pour y recevoir quelque éducation. Il ne paraît pas que les religieuses fussent très satisfaites de la conduite de leur élève, qui déjà semblait promettre tout ce qu'elle a tenu par la suite.

Elle sortit enfin du couvent, et entra en apprentissage dans le magasin de modes de madame Labille, *où elle fit ses premières armes* sous le nom de mademoiselle Lançon, qu'on jugea à propos de lui faire prendre.

Pendant son séjour chez madame Labille, mademoiselle Lançon jeta les yeux sur un jeune commis de la marine, nommé Duval, qui habitait la même maison. Duval était riche, il convenait à la modiste, qui crayonna tant bien que mal les traits du jeune homme sur la porte de la chambre qu'il occupait. La curiosité de celui-ci fut piquée, il écrivit au dessous de ce portrait : J'en voudrais bien connaître l'auteur. On lui répondit par un autre portrait, aussi grossièrement fait que le premier ; cette fois c'était celui de l'auteur avec ces mots au bas : *c'est moi.* Le lendemain, Duval entre dans le magasin de modes, examine toutes les physionomies de ces demoiselles, voit un sourire malin errer sur les lèvres de mademoiselle Lançon, qui le soir, lut à son tour sur sa porte : *Quand mon peintre pourra-t-il venir m'a-*

chever de plus près* ? Elle répondit de suite
de la même manière : *Votre peintre ira déjeuner chez vous dimanche à neuf heures,
laissez votre porte entr'ouverte*

L'entrevue eut lieu. Le tête-à-tête fut vif
et délicieux, mais ne devint pas aussi inté-
ressant que l'avait espéré l'amant. Il jugea
bientôt que cette grisette était plus folle
qu'amoureuse; et quoiqu'il lui fût aisé de
s'apercevoir qu'elle était douée d'un tempérament très fougueux, il reconnu que sa
coquetterie savait le maîtriser, ou du moins
qu'elle connaissait les moyens de le satisfaire, sans craindre les suites fâcheuses qui
pouvaient en résulter. En un mot, elle lui
déclara que jamais homme ne coucherait
parfaitement avec elle, qu'il ne fût disposé
à l'entretenir. Ainsi se passa cette entrevue,
en folâtrant. Celles qui suivirent n'eurent
pas d'autre résultat, Duval, se refusant à
faire des sacrifices pour son exigeante maîtresse, qu'enfin il négligea pour une dame
de qualité sur le retour. Il le fit savoir à la
belle délaissée, qui lui répondit qu'une jeune

fille de seize ans avait toujours mieux valu, valait et vaudrait toujours mieux qu'une grosse *coche* de quarante ans, fût-elle issue du sang des Bourbons ; elle ajouta qu'elle n'était point embarrassée pour lui donner un successeur, qui était déjà tout trouvé dans la personne du beau Lamet, son coiffeur. Celui-ci, en effet, l'installa dans un appartement meublé avec goût, laissa à sa disposition ses épargnes, qui se montaient à mille écus, contracta des dettes, se ruina, et fut obligé de passer en Angleterre pour échapper aux poursuites de ses créanciers.

Après la fuite de son amant, mademoiselle Lançon, sous son nom de Vaubernier, entra chez madame de La Garde, veuve d'un fermier général, comme demoiselle de compagnie. Elle en sortit bientôt et se retira chez sa mère qui venait de se remarier, et demeurait à Paris, rue de Bourbon. Dans le voisinage, vivait une marquise Duquesnoi, qui donnait à jouer deux fois par semaine, et réunissait chez elle quelques-unes de ces femmes d'une vertu plus

que suspecte, dont le principal emploi
était d'amorcer les dupes. Cette dame
jeta les yeux sur mademoiselle Vaubernier,
qui, cette fois, sous le nom de Lange, vint
faire l'ornement du salon de madame
Duquesnoi.

Elle y rencontra le comte Du Barri,
espèce de chevalier d'industrie fort répandu
dans le grand monde, vivant aux dépens des
joueurs et des femmes, ayant toujours quelque maîtresse qu'il savait faire valoir. Les
charmes de mademoiselle Lange le frappèrent ; il comprit le parti qu'il en pouvait
tirer. C'était alors une nymphe toute fraîche, qui n'était point connue dans l'ordre
des courtisanes, et dont la figure volup-
tueuse et les grâces folâtres devaient à coup
sûr faire tourner une multitude de têtes. Il
chercha donc à cultiver la jeune personne,
et à l'éblouir par les promesses les plus magnifiques. Il lui fit l'énumération des filles
qui avaient avancé sous ses auspices, s'é-
taient illustrées, et étaient alors citées
comme du plus grand ton. Bref, il lui pro-

posa de venir régner dans son hôtel, où elle ne verrait que de riches financiers, des marquis, des ducs, des princes mêmes, et sa proprosition fut acceptée avec empressement, le plaisir et la toilette ayant, pour mademoiselle Lange, un attrait irrésistible.

Le comte Jean épuisa ses désir dans un tête à tête de huit jours, et dit ensuite : Voilà qui est fait ; je ne suis plus jaloux. Il rouvrit en effet sa maison, présenta sa maîtresse à ses habitués, et désormais, à ce qu'il paraît, elle fut au plus offrant et dernier enchérisseur.

Disons un mot dee manières et du genre d'esprit de la maîtresse du comte Jean. Quant à son portrait, on le retrouve partout : une taille élégante et noble ; un ovale de visage admirablement dessiné ; des yeux grands, bien fendus ; un regard à la fois vif, tendre et voluptuenx ; la peau d'une blanbheur éblouissante ; une bouche charmante un joli pied, et une chevelure magnifique. Ses manières et son ton durent nécessairement se ressentir de la société qu'elle fréquenta en sortant du couvent de Sainte-Aure. Le magasin de modes de la rue Saint-Honoré, et la maison de la Gourdan, étaient une triste école pour former une jeune fille à son entrée dans le monde; aussi ne vit-on pendant ces premières années qu'une grisette dans mademoiselle Vaubernier, à laquelle pourtant le salon de madame de La Garde imposa un maintien plus décent. Elle n'en conserva pas moins un certain dévergondage d'esprit. qu'elle osa faire contraster plus tard dans les petits appartements, avec cette politesse froide et cérémonieuse d'une cour qui ne savait se mouvoir que d'après les lois d'une scrupuleuse étiquette. Toutefois, cette audace lui réussit et fit tout son succès; elle acheva de faire tomber Louis XV dans le mépris public.

Depuis la mort de madame de Pompa-dour, le roi n'avait pas eu de maîtresse en titre. Ses goûts se promenaient indistincte-ment des femmes la cour aux bourgeoises, et même aux grisettes; aucune l'attachait. Lebel, le valet de chambre, était continuellement en enquête de quelque nouvelle beauté, et ses recherches restaient quelquefois sans succès. Dans cet embarras un jour il rencontra le comte Jean, auquel il parla de son désappointement. « N'est-ce que cela, lui dit celui-ci ? j'ai votre affaire. Venez tantôt diner chez moi et je vous ferai voir la femme la plus jolie, la plus fraîche, la plus séduisante, un vrai morceau de roi. » Lebel promet. Le comte enchanté se hâte d'aller faire sa leçon à mademoiselle Lange qu'il juge convenable de faire passer pour sa belle sœur, près du roi ; et qui, en conséquence prendra le titre de comtesse Du Barri. Lebel arrive, est émerveillé à la vue de tant de charmes ; se calme enfin, et s'explique. Les parties sont bientôt d'accord.

Quelques personnes ont voulut que Lebel ait pris au nom de son maître, possession de l'objet destiné à la couche royale. Quoiqu'il en soit, la prétendue comtesse Du Barri ne tarda pas à être admise en présence de Louis XV, et dans son lit.

Louis, à qui l'art d'une élève de la Gour-

dan était depuis long-temps devenu nécessaire, crut devoir faire sa maîtresse de celle
qui venait de lui révéler des jouissances inconnues. Il voulut qu'elle l'accompagnât à
Compiègne et à Fontainebleau ; et bien qu'il
apportât d'abord dans ce commerce une
sorte de mystère, on ne tarda pas à savoir à
quoi s'en tenir. Lebel, effrayé de la passion
naissante de son maître ; Lebel, qui n'avait
jamais pensé que les choses en vinssent à ce
point, craignit les suites de son imposture :
avant de laisser prendre à la favorite un
empire plus grand, il se jeta aux pieds du
roi, et lui déclara qu'il avait été trompé ;
que cette femme n'était rien moins que de
qualité, et que même elle n'était pas mariée.
« Tant pis, dit le roi, qu'on la marie
promptement, et qu'on me mette ainsi dans
l'impossibilité de faire une sottise. » Tel
était pourtant l'effet qu'avait d'abord produit
cette courtisanne sur les sens blasés de Louis!
Il était sous le charme, et avouait au duc
d'Ayen qu'il n'avait jamais connu de plaisirs
pareils à ceux qu'il goûtait avec elle : « Sire

lui dit le duc avec une énergique franchise, c'est que vous n'êtes jamais allé au b.....

Le succès avait répondu aux espérances du comte Jean. Il ne laissa pas tomber le propos du roi; sachant d'ailleurs que sa protégée ne pouvait être présentée à la cour si elle n'était pas mariée, il avisa de suite aux moyens de lever ce dernier obstacle, et jeta les yeux sur un de ses frères, très propre à jouer le rôle qu'il lui destinait. Guillaume Du Barri avait tous les vices du comte Jean, sans en avoir les qualités. Sans esprit, grossier, joueur, ivrogne, libertin, il ne fut pas difficile à persuader, quand on lui eut fait entendre que sa complaisance lui procurerait la facilité de mener plus librement et en grand le genre de vie qui lui convenait. Il se rendit à ces argumens irrésistibles et le mariage fut célébré à la paroisse Saint-Laurent le 1ᵉʳ septembre 1768. Là, pour la première fois, Guillaume vit celle à laquelle il allait donner son nom; et, la cérémonie terminée, il salua son épouse prit la poste et se retira à Toulouse. Ainsi mademoiselle Vaubernier devint la belle-sœur du comte Jean, son ancien amant, et échangea tous ses noms d'emprunt contre le nom légitime de comtesse Du Barri. Le roi fut enchanté de la conclusion de cette affaire, et l'ambition de la nouvelle famille de la comtesse ne connut plus de bornes.

L'élévation de madame Du Barri n'eut pas lieu cependant sans occasioner bien des tracasseries à la Cour; les contradictions ne servirent qu'à rendre la passion du roi plus vive, et assurer le triomphe de la favorite. C'est peut-être, comme lo remarque très-bien un historien de Louis XV, la seule occasion où, se raidissant contre les difficultés, ce prince ait témoigné une fermeté persévérante, dont il manquait dans les choses les plus importantes. Dès qu'il fut question de la présentation de la comtesse, une opposition violente se manifesta, et fit chèrement acheter la victoire à madame du Barri.

Le vendredi soir 21 (avril 1769), le roi annonça qu'il y serait une présentation le lendemain.......... que ce serait celle de madame Du Barri. Le soir, un bijoutier apporta pour cent mille francs de diamans à cette dame. Le lendemain l'affluence fut si grande, qu'on la jugea plus nombreuse que celle occasionée précédemment par le mariage de monseigneur le duc de Chartres, au point que le monarque, étonné de ce déluge de spectateurs, demanda si le feu était au château. Madame la comtesse Du Barri fut fort bien reçue de Mesdames, et même avec des grâces particulières. Le lendemain, dimanche, elle a assisté à leur dîner. Tous les spectateurs ont admiré la noblesse de son maintien et l'aisance de ses attitudes. Ce rôle de femme de cour est ordinairement étranger les premiers jours qu'on le fait, et madame Du Barri l'a rempli comme si elle y eût été habituée depuis longtemps. Depuis lors, madame la comtesse Du Barri donna des soupers, où elle invita tous les grands de la cour et les ministres. Au bas de l'invitation, on assure qu'on lit ces mots : *Sa majesté m'honorera de sa présence.* Il ne fallait dans le commence-

ment rien moins qu'un semblable *post scrip-
tum* pour former à la favorite une espèce de
cour. Les femmes ne répondirent pas d'abord
aux invitations; mais la faveur et les grâces
étaient là, et leur orgueilleuse délicatesse
s'humanisa bientôt; mesdames de L'hôpital,
de Mirepoix et de Valentinois donnèrent
l'exemple aux autres. Le comte de la Marche
vint également grossir la foule des adorateurs de la comtesse Du Barri ; et plus tard,
le prince de Condé s'empressa de la recevoir
à Chantilly, à l'occasion d'une fête qu'il y
donnait au roi. C'est ainsi que les noms les
plus illustres de la monarchie, ne pouvant
élever cette femme jusqu'à eux, semblaient
rivaliser de bassesse pour descendre jusqu'à
elle. Un duc de Tresmes, par exemple, laid
et bossu, admis chez la comtesse, qui s'amusait de sa laideur, se présentant un jour chez
elle, et ne la trouvant pas, écrivait à sa
porte : *Le sapajou de madame la comtesse
Du Barri est venu pour lui rendre ses hommages, et la faire rire.* Le premier prince
du sang, le duc d'Orléans, s'oublia lui-même

au point de solliciter sa protection pour engager le roi à permettre son mariage avec madame de Montesson: *Epousez-la toujours, gros père*, lui répondit la favorite en lui frappant sur le ventre; *nous verrons à faire mieux ensuite : vous sentez que j'y suis fortement intéressée.* Cette inconvenante familiarité s'adressait souvent encore plus haut; témoin le nom de la France qu'elle donnait habituellement au roi dans les petits appartements. *Eh! oh! prends donc garde, la France, ton café f... le camp*, lui criait-elle un jour de son lit; tandis que Louis, distrait par quelque autre objet, négligeait son déjeuner, qu'il aimait à préparer lui-même.

La présentation de madame Du Barri fut un coop terrible pour les Choiseul. Les défections commencèrent. Parmi celles-ci, il faut distinguer celle du chancelier Maupeou, qui fut pleine et entière. Il unit ses intérêts à ceux de la favorite, dont il prétendit être le parent, et qu'il n'appela plus que sa cousine. Le duc d'Aiguillon, ennemi du duc de

Choiseul, et qu'une affaire désagréable avec le parlement de Bretagne plaçait dans une position critique, sut habilement gagner les bonnes grâces de la comtesse. Ces deux hommes d'accord avec elle, travaillèrent sans relâche au renvoi des Choiseul et à la chute des parlemens, et ils y réussirent. Avant d'en arriver là, un événement important vint ranimer les espérances du parti du ministre, et inquiéter le triomphe de la favorite. Je veux parler du mariage du Dauphin, depuis Louis XVI, avec l'archiduchesse Marie-Antoinette. Cette alliance était en partie l'ouvrage du duc de Choiseul, qui se montra toujours partisan de la maison d'Autriche. Madame Du Barri craignit, non sans quelque raison, que le duc ne prévint la Dauphine contre elle. Cependant, le premier accueil que lui fit cette princesse fut tout-à-fait bienveillant; mais ces sentimens changèrent bientôt; et malheureusement pour elle, la comtesse crut pouvoir lutter contre celle qui devait un jour être sa souveraine: Elle en parla sans ménagement, disant au roi *qu'il fallait prendre garde que cette rousse ne se fît trousser en quelque coin*, et se permettant des épigrammes qu'on s'empressait de rapporter à la Dauphine qui, dès-lors, crut devoir s'unir aux autres princesses de la famille royale, pour faire essuyer à la maîtresse de son beau-père les plus cruelles humiliations. Tout cela ne sauva pas le ministre, en faveur duquel d'ailleurs le Dauphin était fort mal préveuu.

La ruine de la magistrature suivit de près la chute de Choiseul : le parlement fut exilé dans le mois de janvier 1771, et remplacé par un autre de la composition du chancelier Maupeou. Pour arriver plus sûrement à ses fins, le chancelier avait donné à madame Du Barri un portrait de Charles Ier d'Angleterre, peint par Van Dyck, que la favorite fit placer dans son boudoir, en face de l'ottomane où Louis XV avait l'habitude de s'asseoir ; et quand le prince jetait les yeux sur ce tableau, elle lui disait : « La France, tu vois ce tableau ! Si tu laisse faire ton parlement, il te fera couper la tête, comme le parlement d'Angleterre l'a fait couper à Charles. »

Ce n'était pas assez pour madame Du Barri d'être débarrassée du duc de Choiseul ; d'accord avec le chancelier, elle porta au ministère ce duc d'Aiguillon, que les parlemens avaient naguère si vivement poursuivi. Grâce à elle, le roi avait, à cette époque, suspendu et définitivement arrêté, par un coup violent d'autorité, toutes les poursuites. C'est alors que pour témoigner sa reconnaissance à la favorite, le duc lui fit présent de ce superbe vis-à-vis que tout le monde voulut voir, et qui coûta, dit-on, 52,000 livres. Il paraît cependant que la comtesse n'osa s'en servir ; mais ce respect pour l'opinion générale, qui se prononçait contre ce faste indécent, ne la sauva pas des épigrammes. Tout Paris répéta celle-ci :

> Pourquoi ce brillant vis-à-vis
> Est-ce le char d'une déesse,
> Ou de quelque jeune princesse,
> S'écriait le badoau surpris ?

12 †

Non , de la foule curieuse
Lui répond un caustique , non ;
C'est le char de la blanchisseuse
De cet infâme d'Aiguillon.

D'Aiguillon, arrivé au ministère, brava la clameur publique, et conduisit les affaires de concert avec le chancelier et madame Du Barri, depuis peu dévouée aux jésuites, ce qui valut à ceux-ci ce couplet, qui faisait partie d'une revue satirique :

Pourvu que Choiseul détale ,
La Jésuitique cabale
Dit que le roi, sans scandale ,
Peut vivre avec Du Barri ;
Que le ciel choisit l'impure
Pour montrer a la nature
Qu'il n'est ville créature
Dont il ne tire parti.

Au reste, un Maupeou, un d'Aiguillon, un Terray, une Du Barri et des Jésuites s'emblaient bien faits pour s'entendre. Les conseils du comte Jean arrivaient toujours

crètement; cependant il n'avait plus la
même influence, et la chûte du parlement,
dont il était le partisan déclaré, en est la
preuve: mais, ce qui valait mieux pour lui,
le trésor lui était ouvert, et il y puisait à
pleines mains. La favorite, qui d'ailleurs ne
comprenait rien aux affaires d'Etat, les
abandonna à ses associés, qu'elle se contenta
de soutenir, et se chargea du soin d'endor-
mir le roi sur le bord de l'abîme où devait
s'engloutir la monarchie. Profitant de l'empire qu'elle avait pris sur son amant, et
qu'aucune de celles qui l'avaient précédée
n'avait exercée d'une manière aussi absolue; elle s'empara si bien de son esprit,
que le sceptre de Louis devient entre ses
mains la marmote de la folie, et que, pour
me servir de l'expression d'un écrivain anglais, elle regarda la couronne comme un
bonnet de nuit qui lui était commun avec le
roi. Quoi de plus extravagant que tout ce qui
se passait alors à la cour, que les scènes pri-
vées entre les deux amans, toujours trop publiques puisque des témoins indiscrets les

révélaient !..... Une fois, c'était madame
Du Barri , qui, en présence du roi et de
son notaire, sortait nue de son lit, se faisait
donner une de ses pantoufles par le nonce
du pape, et la seconde par le grand aumô-
nier; et les deux prélats, s'estimant trop dé-
dommagés de ce vil et ridicule emploi, en
jetant un coup d'œil furtif sur les charmes
secrets d'une pareille beauté. Une autre fois
c'était la marquise de Roses, dame pour
accompagner madame la comtesse de Provence, fouettée par les femmes de chambre
de la favorite, sous ses yeux, sous prétexte
que le roi, l'excusant sur sa jeunesse à l'é-
gard de quelque manquement envers elle,
avait dit en riant : *Bon ! c'est un enfant
propre à recevoir le fouet !* et ces deux folles s'embrassant ensuite, et se liant plus
étroitement que jamais..... C'était monsieur de Boisnes , accordant la croix de
Saint-Louis à un commissaire de la marine,
en reconnaissance d'une perruche dont
il avait fait présent à la comtesse......
Rien n'égalait, sans doute, l'abjection de

Louis XV, qui, partageant avec Zamore, le
grillon de cette dame, ses faveurs, pour
lui plaire, le créait gouverneur du château
de Luciennes, aux appointemens de 600 livres, et lui en faisait sceller les provisions
par le chancelier.... C'était cette même
femme, si dévergondée, si grossière, si dé-
goûtante dans son intérieur, qui donnait
audience aux ambassadeurs; qui se voyait
entourée de députés des confédérés, de ceux
de toutes les petites principautés d'Allemagne, tremblantes pour leur destin lors du
partage de la Pologne, et sollicitant sa protection auprès du roi pour leur soutien. C'é-
tait cette même femme, que Louis XV pro-
menait en triomphe au décintrement du
pont de Neuilly, fête dont les princesses et
la Dauphine avaient été exclues (1), afin
que rien ne pût l'éclipser ; c'était cette
femme qui lui faisait trouver mauvais que
l'héritier présomptif du trône l'eût écartée
de la société de son auguste compagne, dans

(1) Ces princesses *s'en exclurent elles-mêmes*
pour ne pas se trouver en présence de la favorite.

un souper de racommodement qu'u...
gante de la cour avait imaginé, ...
d'en témoigner son humeur en s'é...
Je vois que mes enfans ne m'aim...
C'était cette même femme à qui ...
lait une toilette d'or, quoique la ...
n'en eût pas, et que la reine n'en ...
eu : on remarquait surtout le mi...
monté de deux petits amours ten...
couronne suspendue sur sa tête, tou...
fois qu'elle s'y regardait....., C'étai...
femme qui, ne se trouvant pas ...
logée au palais d'une princesse ...
avait fait bâtir le nouveau pavillon ...
ciennes, colifichet dont on ne pou...
culer la dépense, parce que tout y ...
fantaisie et n'avait d'autre prix que ...
pidité de l'artiste et la folie du propri...
C'était cette femme enfin qui, sur d...
fons signés de sa main, puisait à son ...
fisc public, elle et tous les siens ; qui ...
plus à elle seule que toutes les maîtres...
Louis XV avait eues jusque-là, et, m...
la misère des peuples et les calamit...

ges, allait tellement croissant en prodi-
ga, et en déprédations, qu'elle eût en
d'années englouti le royaume, si la mort
Louis XV n'y eût mis un terme.

Pendant les trois années qui s'écoulèrent
la chute des Choiseul et la mort du
on peut rendre la comtesse Du Barri
sable de la mauvaise direction don-
affaire, parce qu'elle soutint des
ministres inhabiles. Elle ne figura dans l'ad-
ministration que d'une manière passive; et
vie, jusqu'en mai 1774, n'offre plus
une suite d'anecdotes détachées et d'épi-
ammes où l'on retrouve toujours l'esprit
mœurs du temps.

Le GAZETIER CUIRASSÉ paraissait à cette
oque, et ne ménageait pas la favorite.

Le comte de Lauraguais fut soupçonné
tre l'auteur de ce libelle, qu'on reconnut
tôt être de Morande. Cet audacieux
rivain menaça la favorite de révéler les
premiers scandales de sa vie. Madame
Barri voulut entrer en arrangement;
premières négociations échouèrent,

Beaumarchais fut enfin chargé de cette
affaire, qu'il termina à la satisfaction des
deux parties. Morande se contenta d'une
somme de cinq cents guinées, et d'une pension de quatre mille livres, dont la moitié
réversible sur la tête de sa femme. La pension fut supprimée à l'avénement du successeur de Louis XV, et la condition qui
obligeait Morande au silence n'existant plus,
il publia son livre sous le nom de ANECDO-
TES SUR LA COMTESSE DU BARRI. Il y fit entrer une partie de ses épigrammes dont les
amours du roi et de la favorite fournissaient
le sujet. On y trouve entre autres celle-ci

Le mot *royalement* jadis était louange ;
Tout ce qu'on faisait bien était fait *comme un Roi*.
On disait ; *comme un Dieu, comme un Roi, comme
    un ange,*
Mais aujourd'hui ce mot est d'un tout autre aloi.
Juger royalement, c'est dire *n'y voir goute,*
Et n'écouter jamais qu'un gueux de chancelier ;
Payer royalement, c'est faire banqueroute ;
Vivre royalement, c'est être put......

La seule inquiétude qu'avait parfois madame Du Barri, c'était de se voir enlever le cœur du roi. Elle connaissait le goût du roi pour le changement; aussi eut-elle soin d'imiter madame de Pompadour, et de livrer à la lubricité de Louis quelques filles obscures, dont elle ne pouvait rien redouter. On chercha à lui inspirer des soupçons sur l'apparition à la cour de la jeune mademoiselle de Tournon, qui venait d'épouser le vicomte Adolphe, fils du comte Jean. Un moment inquiète, elle prit son parti, et dit avec gaîté, qu'au moins la place ne sortirait pas de la famille. Il est probable qu'elle s'était assurée du peu de danger que lui présentait la rivalité de sa nièce, qui pourtant était fort-jolie. Un fait certain, c'est que le comte Jean cherchait à substituer sa belle-fille à sa belle sœur; et que ses intentions furent secondées par quelques personnages, qui attaquèrent vainement dans le cœur du roi l'ascendant de la favorite.

Cependant le terme fatal des amours du roi et de la comtesse approchait; Louis sentait ses forces s'affaiblir, et lui-même disait à La Martinière : *je vois bien qu'il faut que j'enraye. — Sire, vous feriez mieux de dételer tout-à-fait,* lui répondit le chirurgien. La mort subite du marquis de Chauvelin, celle du maréchal d'Armentières, à peu près du même âge que lui, l'avait frappé. Un sermon de l'évêque de Sénez (alors abbé de Beauvais) acheva de porter le trouble et peut-être le remord dans son âme. Le prédicateur, dans une énergique peinture des excès du roi Salomon, disait : « Enfin, ce monarque, rassasié des voluptés, las d'avoir épuisé, pour réveiller ses sens flétris, tous les genres de plaisirs qui entourent le trône, finit par en chercher d'une espèce nouvelle dans les vils restes de la corruption publique. » On ne pouvait se méprendre au sens de ces paroles, et Louis ne s'y méprit pas plus que les courtisans. Pour l'arracher aux réflexions où le jetaient de semblables avertissemens, la favorite et ses conseillers résolurent de plonger le roi dans quelque orgie qui pût l'étourdir et le rappeler ses habitudes. On décida un voyage à Trianon, où une jeune fille de quatorze ans devait être offerte à la lubricité du monarque. Les efforts des corrupteurs pour perpétuer leur empire, tournèrent contre eux-mêmes. Louis puisa dans les embrassemens de cette enfant les germes de la petite vérole, qu'elle recélait dans son sein, et bientôt il fut à l'extrémité.

Enfin, le 10 mai, le roi expira, et l'un des premiers soins de son successeur fut d'expédier à madame Du Barri, par le duc de la Vrillère, la lettre de cachet suivante :

« Madame la comtesse Du Barri, et pour des raisons à moi connues, qui tiennent à la tranquillité de mon royaume, et à la nécessité de ne point permettre la divulgation du secret de l'État, qui vous a été confié, je vous fais cette lettre pour que vous ayez à vous rendre à *Pont-aux-Dames* sans retard, avec une femme pour vous écrouer, et sous la conduite du sieur Hamont, l'un de nos exempts. Cette mesure ne doit pas vous être désagréable ; elle aura un terme prochain. La présente n'étant à d'autres fins, je prie Dieu, etc. » *Le beau f... régne qui commence par une lettre de cachet !* écrit-t-elle en recevant ce message, et elle partit.

Madame Du Barri supporta sa disgrâce avec résignation. D'après le rapport de l'abbesse du Pont-aux-Dames, chargée particulièrement d'inspecter sa conduite, et le témoignage des religieuses, compagnes et témoins de sa retraite, il paraît qu'on n'a aucun écart, aucune faute grave à lui reprocher ; qu'on se loue même de sa conduite, et qu'elle a été bonne, douce et honnête envers tout le monde. Quant à son âme, on n'y a point vu cette douleur emportée d'une femme altière, qui, du sein de la bassesse élevée au faîte des grandeurs, ne les sent pas au-dessus d'elle, s'y arrache en furieuse, et dont l'ambition mesure sans cesse, dans son désespoir, la hauteur dont elle se voit précipitée. Elle n'avait pas non plus cette douleur muette, profonde et stupide d'une femme tendre, à qui la mort enlève un amant chéri, l'unique idole de son cœur, qu'aucun objet ne peut y remplacer, ne désirant plus rien après lui, n'envisageant désormais qu'un vide affreux dans la nature.

Le jour des épreuves était arrivé. On apprend tout à coup que madame Du Barri a été volée par d'audacieux brigands, qui se sont introduits à Luciennes, et ensuite réfugiés en Angleterre. La comtesse part pour Londres, où se trouvaient alors une foule d'émigrés; dit y avoir reconnu ses diamans, revient à Paris, retourne en Angleterre, où elle voit fréquemment Calonne et autres personnages marquans, et repasse enfin la mer. Les événements avaient suivi leur cours. Brissac, son amant, était renvoyé par devant la cour criminelle d'Orléans: son aide-de-camp, Massaubré, vient en porter la nouvelle à la comtesse, est surpris chez elle par les Marseillais, et massacré. Pendant ce temps, Brissac tombe à Versailles sous le fer des assassins, qui, le soir, se présentent au château de Luciennes, et jettent aux pieds de la comtesse une tête ensanglantée.

Elle se décide à un dernier voyage en Angleterre, qu'elle prétendit encore relatif au vol de ses diamants. On la laissa partir mais on la fit suivre par des espions. Quelque temps après, malgré tout ce qu'on put lui dire, elle s'empressa de revenir pour satisfaire aux lois sur les émigrés. Sa perte était jurée ; les agens qui la consommèrent furent un Irlandais, nommé Greive, et ce Zamore qu'elle avait comblé de bienfaits. Ils la dénoncèrent, et donnèrent sur elle une foule de détails, vrais ou faux, qui devaient infailliblement la conduire à l'échafaud. Elle fut arrêté le 22 septembre 1793.

Interrogée par Dumas, président du tribunal, elle répondit que présentée à la cour en 1769, elle y était restée jusqu'en 1774 ; que Beaujon, par l'ordonnance du ministre Bertin, acquittait toutes les dépenses de sa maison sur des bons signés d'elle ; qu'elle avait influencé et déterminé quelquefois le roi dans les choix qu'il faisait ; que devant deux millions sept cent mille livres en 1775, elle fit proposer à Louis XVI de payer cette dette : sur le refus du roi, elle avait échangé avec lui, pour des espèces, ses contrats, ses bijoux, des tableaux et de la vaisselle, jusqu'à la concurrence des millions qu'elle devait. Elle s'acquitta ainsi de 250,000 francs qu'elle devait encore. Elle ajouta que ses dépenses à Luciennes étaient moins grandes que son revenu de 200,000 f. elle avoua que le capital provenait des largesses de Louis XV. Quant à mon mobilier, continua-t-elle, j'en ignorais la valeur. Les diamans qui m'ont été volés en 1791, je les évaluais à 1,500,000 francs, et ce n'était qu'une partie de ceux que j'avais possédés.

Elle parut devant le tribunal révolutionnaire, accompagné de messieurs de Vandenyver, ses co-accusés, et assistée de Chauveau-Lagarde, qu'elle avait choisi pour défenseur. Le dénonciateur Greive l'accusa d'avoir empêché le recrutement à Luciennes; enfoui ses trésors, ainsi que les bustes de Louis XV, du régent et d'Anne d'Autriche; supposé le vol de ses diamans; trom-

pé la Convention en disant que ce...
étaient la seule garantie qu'eussent...
anciers, puisqu'elle possédait 150,000...
de rentes sur l'hôtel-de-ville de Paris...
cents actions de la caisse d'escompte...
sentant sept à huit cent mille francs...
pierreries, de l'or, etc...., une fort...
fin qu'on pouvait évaluer à douze mill...
Un espion, qui l'avait suivie à Londres...
tendit avoir été témoin des relations de...
cusée avec un agent secret du ministè...
glais; qu'elle s'était mise en rapport...
tous les émigrés de distinction, et qu...
la mort de *Capet*, elle avait pris le d...
assisté aux services célébrés dans le...
pelles des puissances ennemies de la ré...
que. — Zamore déclara qu'elle l'avait ch...
de chez elle, parce qu'il manifestait de...
timens républicains. — Un autre dénon...
l'accusa d'avoir dit, à l'occasion du m...
de Foullon et de Berthier, que le m...
n'était composé que de misérables et de...
lérats. — En fallait-il davantage ? En fall...
il même tant ? D'ailleurs, *l'impartial* in...

sident Dumas, dans le résumé des débats,
n'acheva-t-il pas d'éclairer la scrupuleuse
conscience de ses jurés ? — Vous voyez cette
bête, célèbre par l'éclat de ses débauches,
associée au despote qui lui sacrifia les trésors
et le sang de ses peuples. Le scandale de son
élévation et sa honte ne sont pas ce qui doit
fixer votre attention; vous avez à décider si
cette Messaline, née dans le peuple, a cons-
piré contre la liberté et la souveraineté de la
nation, si elle est devenue l'agent des conspirateurs, des nobles et des prêtres. Les débats ont jeté le plus grand jour sur un vaste
complot: royalistes, fédéralistes, divisés en
apparence, ont le même objet: la guerre civile et la guerre extérieure. Dumouriez et
Pétion marchent également sous les ordres
de Pitt. Le voile qui couvrit tant de scéléra-
tesse est déchiré en entier. Oui, Français, nous le jurons, les traîtres périront; la
liberté résistera à tous les efforts des despotes,
des prêtres et des esclaves. La conspiratrice
qui est devant vous pouvait, au sein de l'opu-
lence acquise par ses charmes, vivre heu-

reuse dans une patrie où était enseveli avec
son amant le souvenir de sa protection; mais
la liberté du peuple fut un crime à ses yeux;
il fallait qu'elle fût esclave, qu'elle rampât
encore sous des maîtres. »

Après ces prétendus débats, après une
prétendue délibération du jury, madame Du
Barri fut condamnée à la peine de mort.

Au prononcé de l'arrêt, madame Du Barri
tomba sans connaissance; on s'empressa de
a rendre à la vie, pour la traîner, le lendemain neuf décembre, à l'échafaud. Jusqu'au
dernier moment elle conserva cependant
quelque espérance. A l'aspect de la sanglante
charette, le peu de force qui lui restait s'é-
vanouit. On a fait généralement la remarque
que de toutes les victimes de son sexe frap-
pées par la hache révolutionnaire, madame
Du Barri est celle qui a montré le plus de
faiblesse. En effet, pendant le trajet, sa pâleur fut extrême; une agitation convulsive
se manifestait dans ses traits. Ses compa-
gnons de mort cherchèrent vainement à lui
rendre quelque courage; *à moi, à moi!*

criait-elle au peuple, qu'elle croyait intéres-
ser à son sort. Arrivée à l'échafaud, elle respirait à peine, et son corps était presque
entièrement renversé sur l'exécuteur. Mais
quand celui-ci voulut remplir ses terribles
fonctions, elle se ranima et se débattit avec
tant de violence, qu'il fallut employer la
force pour la fixer à la planche fatale. Un
cri déchirant, affreux, se fit entendre : *En-*
core un moment, M. le bourreau ! encore....
La hache plus prompte l'empêcha d'a-
chever.

MADAME FOURÈS.

En 1797, un officier de cavalerie, M. Jean-
Noël Fourès, né en 1797, se remettait, à
Carcasonne, son pays, des suites d'une bles-
sure assez grave, et se délassait des fatigues
de la guerre avec les belles personnes du
département de l'Aude.

Parmi les jeunes filles auxquelles il adressait ses hommages, se trouva mademoiselle Pauline Clément-Belle-Isle, couturière fort jolie. Elle fixa son cœur léger, et lui fit naître le désir du mariage. Mais elle était sans fortune, et ne jouissait pas, a dit depuis M. Fourès, de cette réputation de modestie qui, dans les petites villes surtout, y supplée quelquefois; les parens de M. Fourès s'opposèrent donc à cette union. Que peut la raison contre l'amour ? M. Fourès l'épousa malgré sa famille au mois de frimaire an 6 (décembre 1797).

Alors se préparait l'armée expéditionnaire d'Égypte; M. Fourès y fut attaché en qualité de sous-lieutenant et de lieutenant à la suite; il avait précédemment fait partie, comme lieutenant, du 22e régiment de chasseurs à cheval.

Ne pouvant se séparer de sa femme, il lui fit prendre des habits d'homme afin de l'emmener avec lui. Tous deux s'embarquèrent avec l'armée, à Toulon, le 19 mai 1798, et entrèrent avec elle en Égypte, le 1er, ou le 2 juillet suivant.

« Au mois de novembre, M. Fourès fut chargé d'une mission. Ne voulant pas laisser sa femme seule et sans appui dans la ville du Caire, il la confia aux soins d'un négociant français, chez qui ils demeuraient déjà, et partit.

« A la suite d'une revue générale des troupes, que passa le général en chef avec le plus grand appareil militaire, on lança sur la place El-Békir un aérostat qui étonna beaucoup les Égyptiens. La journée se termina par une fête, un grand feu d'artifice et un bal au Tivoli français d'Égypte. Soit que pour l'ornement du bal, ou pour tout autre motif, on se fût proposé d'y attirer, avec les femmes des principaux négocians français du Caire, celles qui avaient suivi l'armée, et qu'on jugeait présentables, le fait est que le capitaine *Fourès fit l'imprudence de conduire sa jeune femme au bal de Tivoli.* Le général en chef la remarqua beaucoup, et il s'en fit lui même remarquer en ne cessant pas de jeter les yeux sur elle, et en lui faisant même quelques-unes de ses prévenances qui, d'ordinaire, séduisent et captivent les femmes quand elles partent d'un personnage éminent.

Le général en chef envoya un confident auprès de madame Fourès, qui ne puisa ses premières difficultés que dans la crainte que lui inspirait son mari. Le confident la rassura, parvint à imposer silence à ses scrupules, et une première entrevue eut lieu.

Madame Fourès n'avait guère que vingt ans ; elle était jolie, vive, spirituelle ; elle devait plaire, en Égypte surtout. Le général en chef avait pour lui l'éclat de la gloire et la possibilité de satisfaire la vanité et l'ambition ; il devait séduire une femme coquette qui comparait sa position actuelle, restreinte, et secondaire, à celle que son imagination lui créait dans l'avenir.

Quand M. Fourès revint, on se hâta de lui donner six mille francs et une nouvelle mission. Cette fois on le chargea de papiers importans pour le directeur Barras. Madame Fourès et le général en chef le voient s'embarquer avec joie. Mais, fait prisonnier, le commodore Sidney-Smith, le met à terre et l'instruit de la conduite de sa femme. Sa fureur est extrême. Il arrive au Caire, se plaint, veut exercer ses droits; on le menace d'une séparation, il insiste : le commissaire des guerres Duprat, faisant les fonctions d'officier de l'état civil, prononce son divorce le 20 floréal an 7 (9 mai 1799), et un ordre impératif le force à s'éloigner.

Dès lors, madame Fourès cessa de se contraindre. Logée auprès du général en chef, à la droite de la maison dite Elfi-Bey, sur la place El-Bekir, elle se montra publiquement couverte de bijoux et de vêtemens somptueux, portant le portrait de son illustre amant.

Elle s'habillait fréquemment en habit de général, allait aux promenades sur un cheval arabe dressé pour elle, et suivie par des aides-de-camp. Il est faux qu'elle ait accompagné Bonaparte en Syrie; mais elle en recevait des lettres très tendres..... Cette confiance et cet amour se soutinrent, et à son retour il se montra si épris, qu'il n'hésita point de promettre à sa jeune maîtresse de faire annoncer son divorce avec Joséphine, dont il n'avait point d'enfant, et de l'épouser elle même si elle le rendait père. Il aurait tenu parole si cette dernière condition se fût réalisée. Sa jeune maîtresse favorisa involontairement son évasion de l'Égypte, en restant au Caire avec son train de maison, tandis qu'il lui assurait et lui disait publiquement qu'il allait faire une tournée dans le Delta. On voit que chez lui l'amour fut toujours subordonné à sa passion principale, l'ambition. Sa maîtresse, courroucée de son départ furtif, en était inconsolable; elle exhalait son chagrin en plaintes amères.

En partant, le général Bonaparte avait ordonné à son écuyer Vigogne de payer toutes les dettes de sa maison, et d'abandonner le reste, ainsi que les meubles, à madame Fourès à l'exception, toutefois, d'un riche ameublement qui devait rester au général Kléber. Madame Fourès fit au nouveau général différentes visites comme pour venir réclamer ce qui lui avait laissé. Kléber lui dit : « Je

vous plains, madame, d'avoir été abandon-
née par un amant aussi illustre; je ne cher-
cherai point à augmenter vos regrets en vous
chicanant sur ce qu'il a pu vous laisser; je
vous remets le tout, ne voulant rien avoir à
démêler à cet égard. — Inconsolable du départ de Bonaparte, madame Fourès épia l'occasion de repasser en France. Elle eut recours
à Junot qui était resté aussi en Égypte; il
consentit à la faire embarquer à bord de
l'America, l'un des transports français, avec
lui, son aide-de-camp Lallemand, le musi-
cien Rigel, Corences fils, et d'autres. A la
sortie du port d'Alexandrie, le bâtiment
tomba au pouvoir des Anglais, qui amenè-
rent tous les passagers à bord du Thésée.
Junot fut envoyé à Mahon; et les passagers
furent renvoyés à terre. Quant à madame
Fourès, elle demanda et obtint d'être ramenée
en France, où elle avait l'espoir de jouer un
grand rôle, sachant déjà que Bonaparte
s'était emparé du gouvernement; mais à son
arrivée à Marseille, elle reçut la défense de
se rendre à Paris. Enfin elle en obtint l'agré-

ment, et vécut long-temps dans un château que lui acheta Bonaparte, à deux lieues de la capitale: sa maison y était montée sur le pied de vingt-cinq mille livres de rentes. Son divorce ayant été régularisé, elle se remaria avec M. R., qui fut nommé par Bonaparte consul à Saint-Ander. Là s'étant séparée de corps et de biens de ce second mari, elle se jeta dans les affaires de commerce, chargea des bâtimens à son compte, eut un comptoir au Brésil, y fit de fréquens voyages et de très bonnes affaires.

Qnant à M· Fourès, nommé commissaire des guerres le 2 août 1808, ce qui fait supposer qu'il n'avait pas gardé rancune à Napoléon, il a réclamé sa pension de retraite qui lui a été accordée le 1er juillet 1818. Cette unique ressouce ne pouvant suffire à ses besoins, il attend avec impatience le retour de sa femme, maintenant au Brésil, pour lui intenter un procès en nullité de divorce et de second mariage, si mieux elle n'aime entrer en arrangement avec lui, ce qu'elle préfera probablement.

MADAME REVEL.

Au mois de septembre 1804, M. Revel, grand amateur de spectacle, entre dans une première loge du théâtre de la Gaîté, où il trouve M. Dominique Dénuelle *de la Plaigne, faiseur d'affaires dans le grand genre,* demeurant à Paris, boulevard des Italiens, n° 840, madame et mademoiselle *de la Plaigne.*

Louise Catherine-Eléonore Dénuelle *de la Plaigne,* née le 13 septembre 1787, sur la paroisse Saint-Eustache, avait dix-sept ans..... la tournure de Flore, de grands yeux noirs, un teint de lis, des joues de rose..... un esprit naturel, une âme sensible, un cœur tendre, de l'instruction, le goût des arts qui embellissent la beauté même...

Le militaire est galant ; le provensal est hardi. Entraîné d'ailleurs par l'effet que la beauté naïve de mademoiselle de la Plaigne produisit sur son cœur. M. Revel lia conversation avec les parens, adressant des complimens à la mère, des gentillesses à la fille, faisant valoir à propos toutes les finesses de son esprit.

Bref, chacun s'entendit. M. de la Plaigne se livrait aux affaires, madame recevait, ou plutôt donnait à jouer, mademoiselle voyait arriver avec peine la fin des vacances; M. Revel était amoureux : que de motifs pour se revoir ! On invita M. Revel aux soirées de madame de la Plaigne, et M. Revel s'y rendit.

Beau joueur, M. Revel perdait son argent avec grâce et sang-froid ; homme aimable, il se répandait en cadeaux de toute espèce : on lui supposa donc une aisance qu'il n'avait pas, et quand il demanda la main de la belle Éléonore, on n'osa lui faire éprouver un refus.

Les vacances finirent, et mademoiselle de la Plaigne rentra chez madame Campan, au grand déplaisir de M. Revel. Comment voir cet objet de ses affections les plus tendres ?

Quelque appartenant au 15ᵉ régiment de dragons, en qualité de lieutenant, M. Revel était attaché à l'inspection aux revues de M. Dévranche-d'Haugeranville. Il décida ce général à le présenter à madame Campan, comme époux futur d'Éléonore.

Enfin le jour tant désiré arriva : le 25 nivôse, an 13 de la République française (15 janvier 1805), le mariage fut célébré à la mairie de Saint-Germain-en-Laye, et la charmante Éléonore sortit des mains de madame Campan pour entrer dans l'appartement conjugal. Le contrat avait été lu chez madame Campan et signé par cette dame.

Rien n'est stable sur la terre! Le soixante deuxième jour de cette heureuse union (26 ventôse an 13 — 17 mars 1805), M. Revel fut enlevé à sa femme et jeté dans les prisons de Paris, prévenu d'avoir donné au nommé Sorel, aubergiste à Saint-Germain, une fausse lettre de change de 2,000 fr., afin de le couvrir d'une somme égale qu'il lui devait pour le repas de sa noce. Cette lettre de change était acceptée par M. Lafeuille, quartier-maître au 10ᵉ régiment d'infanterie légère, qui, à l'échéance, nia que la signature de l'acceptation fût de lui.

Le procès s'instruisit à Paris, ensuite à Versailles. La cour criminelle spéciale du département de Seine-et-Oise rendit son jugement le 24 thermidor en 13 (12 août 1805), et condamna M. Revel, convaincu du faux, à deux ans d'emprisonnement, à partir du jour de son arrestation.

Que devint, que fit madame Revel, pendant le cours de ces événemens? retirée chez son père, abandonnant son mari à sa faute, à ses remords, elle n'alla pas une seule fois lui porter les consolations de l'amitié, et ne s'occupa que d'elle.

Le prince Murat était gouverneur de Paris. Madame Revel avait connu madame la princesse Murat chez madame Campan; elle alla la voir; lui conta ses malheurs, et devint lectrice de son ancienne camarade de pensionnat.

Madame Campan fut justement alarmée, quand elle apprit que cette jeune personne vivait dans un palais où l'essaim des officiers d'un nombreux état-major pouvait altérer la pureté des principes qu'elle lui avait inculqués...... Cette institutrice se servit donc d'un reste d'ascendant qu'elle avait conservé sur madame Murat, son élève, pour l'engager à répandre sur Éléonore des bienfaits plus modestes et moins dangereux. Elle lui démontra qu'une femme séparée de son mari devait vivre avec moins d'éclat, et cacher, pour ainsi dire, son existence en deuil. Elle l'invita donc à la placer dans une pension éloignée de la capitale, et convenable, par la simplicité de ses mœurs et l'austérité de ses règles, à cette espèce de veuvage qu'épie toujours la malignité publique. Madame Murat parut se rendre à ses sages avis; on envoya Éléonore dans une maison d'éducation à Chantilli.

Madame Revel ne resta probablement pas long-temps à à Chantilli.

Un jour dans une visite de Napoléon à son beau-frère, madame la princesse Murat prit l'empereur à part, et lui dit : « J'ai retiré

auprès de moi la très jeune femme d'un officier emprisonné maintenant pour un délit ,
je l'ai reçue parce qu'elle était chez madame
Campan; mais Murat s'en occupe tellement
qu'il me néglige et se rit de mes représen-
tations : engagez-le donc, je vous en prie, à
de meilleurs sentimens. »

Napoléon passa chez Murat. Rentré chez
madame Murat , il demanda à voir *la jeune
dame* cause du trouble, lui fit quelques
questions; puis donna tout bas, ses ordres
à Duroc. Il partit et madame Revel ne tarda
pas à le suivre au palais de l'Élysée.

Il était impossible qu'Éléonore restât au
palais. L'empereur fit venir le propriétaire
de l'hôtel qui touche à ce palais, et lui demanda quel prix il avait mis à cette acquisi-
tion. Après la réponse du propriétaire, il lui
dit : « Monsieur, on va vous compter le
double de ce prix, et l'hôtel est à moi. »

En effet, l'hôtel fut meublé au frais de
Napoléon , on perça une porte de communi-
cation avec l'Élysée , et madame Revel s'y
installa.

Quatre ou cinq mois s'écoulèrent, et il fallait songer à éloigner encore madame Revel, dont la taille s'arrondissait à vue d'œil. Le 20 octobre 1806, elle acheta à M. Jean-Claude Fleury, la petite maison que Napoléon avait occupée rue de la Victoire, n. 29, et l'habita aussitôt. C'est là qu'elle accoucha le 13 décembre suivant, d'un fils inscrit le 15, à la mairie du deuxième arrondissement, sous le nom de Léon. Les personnes qui ont signé comme témoins cette déclaration de naissance sont MM. Aimé, officier trésorier de la Légion d'Honneur, Andral, médecin de l'Hôtel des Invalides, et Marchais, accoucheur. On remarque que la déclaration de naissance porte que Léon est fils de demoiselle Éléonore Denuelle *et d'un père absent,* c'est que, sans doute, il entrait dans les calculs intéressés de dissimuler l'histoire de sa mère ... ... qui fit supposer que le commencement des liaisons de Napoléon avec madame Revel eut été placé au mois de janvier ou aux premiers jours de février 1806, et ze qui empêche de douter de l'existence de cette intimité, c'est l'époque de la demande en divorce de madame de Revel, et le peu de temps qui s'écoula entre la demande et le *prononcé* de la séparation définitive.

Léon fut enlevé à sa mère le second mois de sa naissance, et confié successivement à trois nourrices : la première de ces nourrices a été une dame Martin.

Quoique Napoléon ait eu le *dessein d'épouser* madame Revel, il est certain que les sentimens qu'il avait pour elle s'affaiblirent insensiblement. Le 4 février 1808, elle se maria même en secondes noces, sans aucune opposition de sa part, et probablement après l'avoir consulté, à M. Pierre-Philippe Augier, lieutenant d'infanterie.

Cet officier fit la campagne de Russie et n'ayant plus reparu, sa femme se considéra comme veuve et se remaria une troisième fois, le 25 mai 1814, avec M. Charles-Auguste-Émile-Louis, comte de Luxbourg, major au service du roi de Bavière, et commandeur de l'ordre du Mérite.

L'acte qui constate que la bénédiction nuptiale a été donnée par un ministre de la communion évangélique et réformée de Seckenheim (grand-duché de Bade), porte que le comte de Luxbourg épouse *dame Louise-Catherine-Éléonore, née de la Plaigne, veuve de feu M. le général français M. Au-gier de la Sauzaye, native de Paris, et professant la religion catholique.*

Madame la comtesse avait voulu relever sa seconde union en faisant de M. Augier, lieutenant d'infanterie, un officier-général. — Si Napoléon avait abandonné la belle Éléonore, l'enfant qu'il avait eu d'elle était resté dans son cœur. Au moment d'entrer en campagne, en 1812, il assura son avenir par une rente qu'on dit s'élever à trente mille francs, et le confia à un tuteur de son choix. (Voici M. [illegible].)

En 1824, on ignore pour quelle cause, un nouveau conseil de famille, composé de MM. le baron de Mauvières, Leroy de Ca-bailly, Gillet, le comte Lavalette, le comte de Las-Cases, le baron Denon, réuni, le 22

octobre, chez le juge de paix du deuxième
arrondissement de Paris, a concédé une
seconde tutelle à M. le baron de Menneval.

Ce changement de tutelle n'aurait-il pas
été motivé par l'arrivée subite, en 1820 en
1821, de madame la comtesse de Luxbourg?
« Les choses étaient en cet état, dit M. Ro-
vel, lorsque ma femme, après avoir abandonné son fils pendant quatorze années,
forma le projet de l'enlever au sieur Mathieu
de Mauvières. Elle se rendit à Paris (de
Manheim, où elle se réfugia lors de ma demande en nullité de divorce), pour exécuter son dessein. Elle descendit chez ma fille
et sa sœur, avec lesquelles elle vivait néanmoins dans la plus grande mésintelligence.
Elles se transportèrent ensemble à Mauvières,
et là, après des scènes de mélodrame (j'em-
pète ici les termes de M. Mathieu), dans
un sordide intérêt fit, pour la première fois
depuis la naissance de l'enfant, valoir les
droits de la nature, le sieur Mathieu consentit, non à remettre Léon à sa mère, mais
à le lui *prêter* pour quelques jours, et il fut

conduit chez sa grand'-mère, madame Dé-
ville, place Vendôme, n. 29. «

« Madame la comtesse repartit promptement pour l'Allemagne, effrayée par les
poursuites judiciaires de son mari, et Léon
resta chez son tuteur.

« Depuis son divorce, M. Revel passa dans
divers régimens, reçut le brevet de capitaine
en 1809, et fut retraité le 23 mai 1812. Il
était en Hollande lors de l'invasion étrangère, et bien qu'il n'appartînt plus à l'armée,
les Russes l'envoyèrent chez eux avec une
colonne de prisonniers. Rentré en France
le 29 octobre 1814, n'ayant plus à redouter le chef de l'État et croyant pouvoir
espérer, à la faveur de la nature de son
procès, une certaine bienveillance de juges
royaux, il se pourvut, le 3 décembre 1814,
en nullité de divorce. Un jugement rendu le
12 janvier 1816, l'ayant déclaré non rece-
vable, il eut recours à la cour royale, qui,
par son arrêt du 19 juin 1819, confirma ce
jugement. Toujours rempli d'espoir, il dé-
féra cet arrêt à la cour de cassation, mais la

cour rejeta son pourvoi le 20 juillet 1821.
Enfin, après s'être adressé à tous les tribu-
naux, il *prit à partie* la cour de cassation,
réclamant du conseil d'État la formation
d'une haute cour pour y conduire ses derniers
juges. Au milieu de toutes ces procédures,
le 9 avril 1819, il avait formé une action en
désaveu de la paternité de l'enfant Léon[1].

M. Revel prétendait épouvanter madame
de Luxbourg et les tuteurs de Léon, afin de
les amener à composition; au besoin même,
il eût avoué le fils de Napoléon et repris sa
femme : il voulait de l'argent ! Le scandale
lui a peu profité, puisqu'il a d'abord fait
pitié, et qu'ensuite il n'a plus inspiré que
du dégoût.

MADAME DU CAYLA.

Madame Du Cayla a-t-elle été maîtresse
de Louis XVIII ? Voici comment, à cet
égard, s'exprime cette dame, que l'on sup-

puis être l'auteur des mémoires d'une femme
perdue : « La médisance a mal interpré-
té la familiarité de sa majesté avec sa très
humble sujette; cette familiarité était une
familiarité de roi. » Pour moi je n'ai jamais vu
autre chose que lassitude des grandeurs dans
les affectueuses causeries de Louis XVIII :
mon parler l'amusait et venait le distraire,
dans la splendide prison des Tuileries, de
l'ennui des phrases diplomatiques. Les ex-
pressions de mon dévouement étaient un peu
vives, mais je croyais en avoir besoin pour
me faire pardonner l'audace de contrarier
quelquefois l'opinion du monarque. De sots
bruits de cour ont bourdonné à mon oreille
sans m'embarrasser : mes envieux ont vainement amusé de quelques quolibets les ba-
dauds de Paris : ils n'ont pu m'atteindre.
Un soir, j'entrais dans un bal, lorsqu'un petit conseiller, dit à son voisin, en me lor-
gnant d'un air fat, et assez haut pour être
entendu de moi même : « La tabatière du
vilain est ma foi jolie ! » Il y eut tout autour
du petit monsieur noir un rire étouffé. J'ai

eu beau demander à mes amis, ce que signi-
fiait ce prétendu bon mot, c'est encore pour
nous une énigme. Je parie que ceux qui ...
ri n'en savaient pas plus que moi, ...

L'expression de tabatière du roi est encore un équivoque, parce que, dans l'esp...
de celui qui s'en est servi, il y avait u...
pensée complexe qui l'empêchait de s'expliquer aussi nettement que le faisaient le...
courtisans de la cour de Louis XV, qu...
disaient, en voyant madame de Pompado...
traverser les appartemens du souverain ...
Voilà le fourreau du roi qui passe ! Madame Du Cayla a trop de pénétration, po...
faire d'aussi bonne foi l'ignorante. ...

Toujours résulte-t-il de la citation qu'...
vient de lire, que madame Du Cayla n'...
que la favorite du roi. Examinons cependant.

Mademoiselle Zoé Talon, intime...
Cayla, naquit le 11 janvier 1785. So...
avocat au Châtelet, membre de l'assembl...
nationale, émigra le 6 octobre 1792. Il...
vint en France en 1802, se retira dans un...

chef du département de la Marine, et y dé-
ploya un zèle extraordinaire qui attira sur
lui l'attention de la police de cette époque.
On sut bientôt que M. Talon était l'inter-
médiaire de la correspondance des princes
avec leurs adhérents de l'intérieur. L'ordre
fut donné de s'assurer de sa personne. On
l'arrêta, on le conduisit dans une prison de
Paris. Sa fille accourut et obtint de Fou-
ché la permission d'embrasser son père.
Quelque temps après, le ministère de la police fut occupé par l'officier de gendarmerie
qui avait si brutalement arrêté M. Talon;
et, malgré toute sa répugnance, mademoiselle Talon, qui devait alors être fort jolie,
se vit obligée de passer par les mains du
général Savary, pour pouvoir pénétrer dans
celle de l'infortuné. M. Talon passa quelques années dans différentes prisons, reçut
enfin la liberté, et, sous l'empire, maria sa
fille à M. le comte du Cayla.

Après la seconde restauration, cette dame
se trouvait dans un si grand dénûment,
qu'elle s'adressa à M. le duc de Grammont;

capitaine des gardes de Louis XVIII, (dont
la fille était mariée en Russie, à Monsieur
Davidof), pour le prier, d'après ses relations
dans le Nord, de lui procurer une éducation
à faire en Russie. Le duc l'en dissuada, et
lui offrit, quoique n'étant pas alors de service, de lui faire obtenir une audience du
roi, à l'effet de lui exposer sa triste position.
Madame Du Cayla consentit à demander l'audience; elle fut accordée peu de temps après;
le jour fixé par le roi, elle entra aux Tuileries
en protégée d'un grand seigneur, et elle en
sortit en haute protectrice. Son esprit et ses
grâces avaient plu au roi, qui lui conserva
jusqu'à sa dernière heure, une faveur particulière, et lui en donna des témoignages
éclatans. Madame la comtesse Du Cayla
ayant eu l'honneur d'être invitée au cercle
de son altesse royale la duchesse de Berry
un jour de grande soirée, le roi, étant seul
avant la réunion, veut juger le bon goût de
la toilette; et sous le galant prétexte d'apporter plus d'élégance dans l'arrangement

de cheveux, sa majesté place dans ces boucles, sans que la comtesse s'en aperçoive, une anémone du prix de deux cent mille francs... Dans une autre circonstance, Louis XVIII demande à cette dame si elle a l'ancien et le nouveau Testament, et sur sa réponse assez embarrassée, qu'elle n'a point dans sa bibliothèque cet excellent livre, le roi veut bien lui en promettre un exemplaire : quelques jours après, il donne à madame Du Cayla un exemplaire, magnifiquement relié, de la sainte Bible, avec les cent cinquante gravures qui décorent ce bel ouvrage : chacune de ces gravures, ordinairement recouverte d'un papier de soie, était garnie d'un billet neuf, de la banque de France de la somme de mille francs. La royale munificence du monarque éclatera d'une manière digne de Louis XIV; il ordonne la construction d'une maison de campagne, sur l'emplacement du château de Saint-Ouen. Les terrains sont achetés, le pavillon est bâti, les jardins sont plantés avec un goût exquis, les ameublemens sont

d'une telle somptuosité, qu'une reine pourrait habiter ce pavillon, ou plutôt ce séjour
de fées, dont Louis XVIII fait don à madame du Cayla.

Tant de bienfaits, tant de galanteries, ont
pu faire naître des doutes aux personnes
mêmes le moins disposées à de mauvaises
pensées.

Louis XVIII venait de mourir, lorsque
Madame Du Cayla, qui réclamait judiciaire-
ment sa séparation d'avec son mari, obtint
de la cour de Rouen un arrêt favorable à ses
désirs.

Madame Du Cayla n'a été que favorite
de Louis XVIII, admettons-le; mais on
l'avouera, s'il s'agissait d'un autre prince,
une favorite aussi constamment heureuse
pourrait volontiers passer pour une maîtresse.

FIN.

IMPRIMERIE DE CHASSAIGNON,
r. Git-le-Cœur 5.

www.ingramcontent.com/pod-product-compliance
Lightning Source LLC
LaVergne TN
LVHW051103200726
843508LV00001B/422